Liebe Leserinnen und Leser,
ist die Reihenfolge der Gebete und Lesungen im Gottesdienst rein zufällig oder welcher Sinn steht dahinter? Wie kommt es, dass wir manchmal im Gottesdienst aufstehen oder sitzen bleiben? Wenn Sie sich das auch schon manchmal gefragt haben, wird Ihnen das vorliegende Evangelische Themenheft über den Gottesdienst und seine Liturgie, seinen Ablauf, eine große Hilfe sein. Es gibt Antworten auf die Frage, woher der Gottesdienst seine Ordnung hat und was die einzelnen Teile bedeuten.

Dabei gehen die Autoren Ilsabe Seibt, Leiterin der Arbeitsstelle Gottesdienst im Amt für kirchliche Dienste in Berlin, und Martin Evang, Leiter der Arbeitsstelle Gottesdienst in Wuppertal, chronologisch vor. Angefangen beim Glockenläuten über die Musik, Gebete, Lesungen, Predigt, Fürbitte, Abendmahl und Segen erklären sie für jedermann verständlich kurz und prägnant alles rund um den Gottesdienst. Wozu die Liturgie dient, erläutert Folkert Fendler, Leiter des Zentrums für Qualitätsentwicklung im Gottesdienst in Hildesheim. Wichtige Begriffe erläutert das „Kleine liturgische ABC“ im Serviceteil. Dort finden sich auch Adressen und Lese-Tipps. Der Leitfaden, oder die „kleine gottesdienstliche Heimatkunde“, wie die Autoren das Themenheft nennen, ist als Ratgeber nützlich für jeden christlichen Haushalt. Er ist aber auch für Menschen interessant, die den Gottesdienst kennenlernen oder sich informieren wollen.

Die Broschüre ist beispielsweise für Konfirmanden, die sich mit dem Gottesdienst beschäftigen, Gesprächskreise oder Menschen, die sich taufen lassen wollen, ein wertvolles Arbeitsmaterial. Wer in einer Gemeinde mitarbeitet, ob im Gemeindekirchenrat oder als Kirchenführer, ob ehren- oder hauptamtlich, kann sich mit dem Leitfaden das nötige Grundwissen über den Gottesdienst aneignen und selbst anderen Auskunft geben.

Martin Luther hat den Gottesdienst reformiert und ihn für seine Zeitgenossen verstehbar in die Mitte der evangelischen Gemeinde gerückt. Im Gottesdienst kommt der Herr der Kirche zu Wort und dient seiner Gemeinde durch Wort und Sakrament. Und die Gemeinde antwortet darauf mit Gebet, Gotteslob und dem Hören und Tun des Evangeliums. Wir wünschen allen Leserinnen und Lesern, dass sie nach der Lektüre dieses Evangelischen Themenheftes den Gottesdienst noch bewusster erleben und besser verstehen. Denn die Verkündigung des Evangeliums braucht Menschen, die Freude haben an den „schönen Gottesdiensten des Herrn“ und die andere in die gottesdienstliche Feier mit hineinnehmen können.

Sibylle Sterzik, Redakteurin der Evangelischen Wochenzeitung „die Kirche“
Frank Bürger, Verantwortlicher Redakteur der Monatszeitschrift „Frohe Botschaft“

Inhalt

Inhalt

Gottesdienst

Eine kleine Heimatkunde

Ob einer sein Leben lang in einer Gegend gewohnt hat oder ob eine erst vor kurzem neu zugezogen ist – ein heimatkundliches Heft kann für beide eine interessante Lektüre sein. Die neu Zugezogene wird die Lektüre dazu verlocken, die noch fremde Umgebung zu erkunden, so dass sie ihr mit der Zeit zur Heimat werden kann. Der Alteingesessene kann über seine Heimat nicht nur noch etwas erfahren, das er nicht gewusst hat, sondern er kann auch die ihm vertraute Umgebung mit neuen Augen sehen und schätzen lernen.

Dieses Heft möchte eine „kleine gottesdienstliche Heimatkunde" sein. Die Region, die es vorstellt, ist der evangelische Gottesdienst. Viele Menschen sind in ihm von Kind auf zu Hause. Sie sind mit ihm vertraut, er tut ihnen gut. Diesen Einheimischen kann die vorliegende Broschüre den Gottesdienst von neuem erschließen: seinen Sinn und seine Geschichte, seinen Verlauf und seine Elemente. Etwas, was man bereits kennt, neu kennen zu lernen oder, anders gesagt, etwas, was man bereits besitzt, von neuem zu erwerben – das kann eine kostbare Erfahrung sein. Wir wünschen sie den Leserinnen und Lesern, die mit dem Gottesdienst vertraut sind.

Eine ebenso kostbare Erfahrung kann es sein, wenn etwas Fremdes, das vielleicht sogar befremdlich anmutet, allmählich vertrauter wird und man es lieben lernt. Vielen Menschen, die mit dem Gottesdienst neu in Berührung kommen, erscheint er unübersichtlich, zufällig oder sinnlos. Ihnen sollen die Informationen dieses Heftes helfen, die Gottesdienste, die sie erleben, in ihrem Sinn und Verlauf besser mitvollziehen, das heißt, mitfeiern zu können.

Ilsabe Seibt, Leiterin der Arbeitsstelle Gottesdienst im Amt für kirchliche Dienste in Berlin

Martin Evang, Leiter der Arbeitsstelle Gottesdienst in Wuppertal

Wozu Liturgie?

„Es ist nicht nötig zu wahrer Einigkeit der christlichen Kirche, dass allenthalben gleichförmige Zeremonien, von den Menschen eingesetzt, gehalten werden.“ So heißt es in der wichtigsten Bekenntnisschrift der lutherischen Kirche, der Confessio Augustana (CA) von 1530 im siebten Artikel. Stellen wir uns vor, der Pfarrer einer Gemeinde würde das wörtlich nehmen und jeden Sonntag den Gottesdienst unangekündigt nach einer anderen Liturgie und Form halten. Ich vermute, die Gemeinde wäre ziemlich verunsichert. Viele würden wahrscheinlich wegbleiben.

Denn Menschen suchen im Gottesdienst auch Vertrautes. Für viele regelmäßige Gottesdienstteilnehmer verkörpert er ein Stück Heimat. Das bedeutet nicht, dass sie im Gottesdienst nur bestätigt werden wollen. Eine Predigt soll wohl auch trösten, Halt geben und stärken, sie soll und darf aber auch aufrütteln, in Frage stellen, Impulse geben zur Veränderung. Auf der anderen Seite wünscht sich die Kirchgängerin überwiegend bekannte Lieder und einen erwartbaren Rahmen, bei dem sie nicht jedes Mal verschämt herausbekommen muss, wann man aufsteht, welche Teile gesungen werden, ohne dass die Nummern der liturgischen Stücke angeschlagen sind, und ob man beim Nachspiel schon geht oder wieder Platz nimmt. Überraschungen erlebt man im Alltag schon genug.

Schön, wenn man sich im Gottesdienst in einen verlässlichen Ablauf fallen lassen kann. Gottesdienst ist auch Ritual, das trägt und prägt. Es stellt uns Gegenwärtige etwa in Liedern und wiederkehrenden Texten in die lange Reihe unserer Vorfahren, in eine Ökumene über zeitliche Grenzen hinweg.

Eine im Wesentlichen gleich bleibende liturgische Ordnung ist für die für den Gottesdienst verantwortlichen Personen von ebenso großer Bedeutung wie für die Gottesdienstteilnehmer. Kein Mensch kann wöchentlich gefeierte Feste stets völlig neu konzipieren. Das ginge über seine Kräfte und über seinen Einfallsreichtum. Und der Gottesdienst lebt davon, dass nicht etwas vorgeführt wird, sondern dass die ganze Gemeinde sich beteiligt. Auch das kann sie nur tun, wenn ihr bekannt und vertraut ist, was geschieht.

Natürlich hat die CA trotzdem Recht. Liturgie ist von Menschen gemacht, eine bestimmte Form kann nicht zur allein selig machenden erklärt werden. Neben der Verlässlichkeit und Vertrautheit lebt der Gottesdienst ebenso von Vielfalt, Spontaneität und Weiterentwicklung: Gottesdienste für unterschiedliche Altersgruppen, für besondere Zielgruppen, meditative Gottesdienste, Feierabendmahle – all diese Formen brauchen spezifische Ordnungen. Auch die „normale“ Sonntagsliturgie lebt von variablen Elementen. Immer wieder Neues zu erproben, gehört ebenso zu evangelischer Gottesdienstkultur wie das Festhalten am Bewährten.

Folkert Fendler, Leiter des Zentrums für Qualität im Gottesdienst, Hildesheim

Erste Orientierung

Was erwarten Menschen, wenn sie einen Gottesdienst besuchen? Darauf kann man nicht allgemein antworten. Wer regelmäßig zur Kirche geht, kommt mit einer anderen Einstellung als ein seltener Gast. Jugendliche haben andere Ideen als Erwachsene. Lebenssituationen und Schicksale bestimmen mit darüber, was Menschen von einem Gottesdienst erhoffen.

Auf alle Fälle ist es gut, wenn wir überhaupt etwas erwarten. Etwa, angesprochen oder berührt zu werden oder einen Impuls für die nächste Zeit mitzunehmen. Durch die Lesung der Bibel oder die Predigt, von Musik oder Gesang, durch ein Gebet oder den Segen. Oder durch die Gemeinschaft beim Abendmahl. Wenn wir erwartungsvoll kommen, sind wir offen für die Verheißung des Gottesdienstes. Luther formuliert sie so: *„dass unser lieber Herr selbst mit uns rede durch sein heiliges Wort und wir wiederum mit ihm reden durch Gebet und Lobgesang“*.

Gottesdienst ist ein Raum für das Gespräch mit Gott. Jeder Raum braucht eine Einrichtung. Das ist beim Gottesdienst die Liturgie. Hier geht es wie auch sonst bei Einrichtungen: Im Großen und Ganzen bewährt, kommt doch manch-

mal Neues hinzu, erscheint Vertrautes plötzlich in anderem Licht oder gibt ein Geheimnis preis, von dem man nichts ahnte. Darum lohnt es, genauer hinzuschauen – liebevoll und kritisch – und Fragen zu stellen, zum Beispiel: Warum feiern wir den Gottesdienst am Sonntagmorgen meist in einer traditionellen Gestalt? Was bedeuten die liturgischen Elemente und ihr Zusammenhang?

Die Gestalt des Gottesdienstes ist in ihren wesentlichen Grundzügen in der Agende beschrieben, die Ordnungen und Gebete des Gottesdienstes enthält. Wer in ein solches Buch blickt, erahnt die lange Geschichte, die sich in einer Gottesdienstordnung verbirgt. Da gibt es zunächst zwei Grundformen, die auf eine Weichenstellung in der Reformationszeit zurückgehen. Die erste wahrt den Zusammenhang mit der Gottesdiensttradition der „Alten Kirche". Wer in ihr beheimatet ist, findet sich ohne Mühe auch in römisch-katholischen oder fremdsprachigen Gottesdiensten der Ökumene zurecht. Die zweite Form ist knapper und gerade deshalb offen für eine reichere Ausgestaltung, etwa mit Musik. Wir beziehen uns in der Darstellung der Liturgie in der Regel auf die erste Form, weil der Gottesdienst in den meisten Gemeinden nach ihr gefeiert wird.

Die Gemeinde als Ganze feiert den Gottesdienst und ist für ihn verantwortlich. Sie beauftragt Menschen mit besonderer Ausbildung, die Gottesdienste vorzubereiten und zu leiten. Pfarrerinnen und Kantoren, Prädikantinnen und Lektoren hilft es sehr, wenn sie gelegentlich erfahren, wie das, was sie vorbereitet haben, in der Gemeinde „ankommt". Die Möglichkeiten dafür reichen vom persönlichen Gespräch über eine Gesprächsrunde im Anschluss an einen Gottesdienst bis hin zu Fragebogenaktionen.

Manchen fällt es schwer, etwas zu einem gerade mitgefeierten Gottesdienst zu sagen. Schließlich ist der Gottesdienst vor allem eine Begegnung mit Gott. Aber jeder Gottesdienst hat auch eine menschliche Seite, die umso eher gelingt, wenn bestimmte Regeln der Kunst beachtet werden. Es ist für alle hilfreich und unterstützt die Ausstrahlung eines Gottesdienstes, wenn beispielsweise auf folgende Dinge geachtet wird: Ist die Kirche gepflegt und aufgeräumt? Sind alle, die mitwirken, gut vorbereitet? Werden die Lesungen verständlich vorgetragen? Wird das Abendmahl angemessen gefeiert? Wird über den Zweck der Kollektensammlung ausreichend informiert? Wird der Gottesdienst in dem Bewusstsein gefeiert, dass er in der Öffentlichkeit stattfindet und prinzipiell für alle offen ist?

Dieser Fragenkatalog ließe sich erweitern. Er erinnert uns daran, dass wir das, was in unseren Möglichkeiten steht, tun sollen, um Gottesdienste gelingen zu lassen. Dann aber überlassen wir uns der Erwartung, dass Gott unter allen Bedingungen, seien sie schlicht oder reich, mit seinem Wort und Sakrament Menschen erreicht.

Glockenläuten

Der Gottesdienst beginnt mit dem Läuten der Glocken. Der Klang der Glocken zeigt öffentlich an, dass die Gemeinde sich versammelt. Dies ist ein hörbares Zeichen nach innen und außen: Jeder Gottesdienst ist öffentlich zugänglich und bezieht in Verkündigung und Fürbitte die ein, die nicht da sein können oder wollen. Dies wird noch deutlicher, wenn bestimmte Glocken zum Vaterunser und zu den Einsetzungsworten, zu Taufe, Konfirmation, Trauung und Bestattung geläutet werden. Wie geläutet wird, bestimmt die Läuteordnung, die der Gemeindekirchenrat, das Presbyterium oder der Kirchengemeinderat festlegt. In ihr können auch weitere Anlässe geregelt werden, wie das Abendläuten, der Gebrauch der Sterbeglocke oder das Läuten am Karfreitag.

Glocken sind immer auch im weltlichen Gebrauch gewesen. Kirchen mit großem Geläut verfügen oft über besondere Glocken für profane Anlässe wie das Marktläuten oder das Sturmläuten. Weltlicher und kirchlicher Gebrauch treffen sich in der Eigenschaft der Glocken, die Zeit anzusagen. Der Stundenschlag dient der Alltagsorientierung, ist aber immer auch ein Gedenken an die Endlichkeit des Lebens.

Der Klang der Glocken, ihre Herstellung in Glockengießereien, die Glockenzier mit Inschriften und ihre Größe sind beeindruckend. Es gibt große, berühmte Glocken und in vielen Dorfkirchen uralte Glocken – oft im Verborgenen. Sie versehen ihren Dienst als liturgisches, für den Gottesdienst bestimmtes Musikinstrument. Lassen wir sie zur Ehre Gottes klingen, und geben wir ihnen Resonanz in unserem Gebet.

Sich vorbereiten

Auf etwas Besonderes bereite ich mich vor. Zum Gottesdienst gehe ich anders als zum Bummeln oder Einkaufen. Gottesdienst verspricht ja eine Begegnung mit Gott. Wie stelle ich mich darauf ein?

Meistens fängt es schon zu Hause an. Es ist Sonntag, nicht Alltag. Ich kann länger schlafen, ziehe gern etwas anderes an als sonst und frühstücke in Ruhe. Wenn ich aufbreche und die Glocken höre, frage ich mich, was mich heute wohl im Gottesdienst erwartet: ein Wort oder eine Geschichte, die mich anspricht? Ein Anstoß, der mich verändert? Musik, die mich berührt? Es gelingt mir nicht immer, mich so einzustimmen. Aber wenn, tut es gut.

Ich freue mich, wenn mich jemand an der Kirchentür begrüßt. Der Kirchenraum empfängt mich mit seiner besonderen Atmosphäre. Bevor ich mich setze, bete ich still: *„Da bin ich, Gott. Du kennst mich. Du weißt, was ich heute brauche. Sprich zu mir. Segne mich. Segne uns alle.“* Während die Glocken ausklingen und die Orgel einsetzt, schlage ich im Gesangbuch das erste Lied auf und lese schon einmal darin.

Pfarrer und Kantorin, Küster und Lektorin bereiten sich auf ihre Weise vor. Zeitig gekommen, erledigen sie ihre Aufgaben in Ruhe. Kurz vor Beginn des Gottesdienstes treffen sie sich in der Sakristei (einem Nebenraum in der Kirche).
Die Pfarrerin zieht den Talar an – ein besonderes Gewand für einen besonderen Dienst. Sie beten gemeinsam:
„Wir danken dir, Gott, dass wir jetzt Gottesdienst feiern können. Schenke deiner Gemeinde dein Wort und dein Ohr. Und segne den Dienst, zu dem wir berufen sind.“

Musik im Gottesdienst

Feste brauchen Musik. Auch Gottesdienste sind nicht sang- und klanglos. Sie wollen gefeiert werden.

„Musik zum Eingang" begleitet, wörtlich verstanden, den festlichen Einzug derer, um die es im Gottesdienst besonders geht, vor allem bei Konfirmationen und Trauungen. Auch in normalen Gemeindegottesdiensten können die, die ihn gestalten, zur Musik einziehen. Und am Schluss wieder hinaus: „Musik zum Ausgang".

Musik dient ebenfalls zum Einklang und Ausklang. Am Anfang stimmt sie die vielen Einzelnen, die zur Kirche gekommen sind, auf den Gottesdienst ein und verbindet sie zu einer Gemeinde. Im Verlauf des Gottesdienstes schafft sie Räume, in denen die Predigt nachklingen oder persönlich gebetet werden kann. Und sie lässt den Gottesdienst aus- und über sich hinausklingen.

Oft ist es Orgelmusik. Mit gutem Grund! Die Königin der Instrumente mit ihrem Klangreichtum ist das ideale Organ, um der Gemeinde Ohren, Herz und Mund für „den mächtigen König der Ehren" zu öffnen, der das Gespräch mit ihr sucht. Denn dazu, dass Gott und Menschen miteinander ins Gespräch kommen, trägt die Musik im Gottesdienst bei. Anders gesagt: zu Verkündigung und Gebet. Aber der hohe Rang der Orgel bedeutet kein Monopol. Auch andere Instrumente, andere Musikstile haben ihr Recht im Gottesdienst: Barock bis Rock. Klassik bis Pop. Menschen sind verschieden. Gottesdienste auch. Aber darin gleich, dass Musik füreinander öffnet – und für Gott.

Eröffnung des Gottesdienstes

„Im Namen Gottes, des Vaters und des Sohnes und des Heiligen Geistes." Das so genannte trinitarische Votum, das mit einer Begrüßung verbunden sein kann, bekundet zu Beginn öffentlich und feierlich, dass der Gottesdienst in der Autorität und im Auftrag des dreieinigen Gottes gefeiert wird: Jetzt und hier geht's um ihn – und deshalb um seine ganze Schöpfung und jeden einzelnen Menschen.

In dem Votum steckt für alle, die den Gottesdienst mitfeiern, eine Erinnerung an die Taufe; denn es stammt aus der Taufformel: *„Ich taufe dich im Namen des Vaters und des Sohnes und des Heiligen Geistes."* Mit ihrem *„Amen"* bestätigt und bekräftigt die Gemeinde das Votum. Nach altem Brauch folgt darauf das so genannte Adjutorium, die aus Psalmmotiven zusammengesetzte Formel: *„Unsere Hilfe steht im Namen des Herrn, der Himmel und Erde gemacht hat."* Insbesondere in reformierter Tradition kann hinzugefügt werden: *„… der Bund und Treue hält ewiglich und nicht preisgibt das Werk seiner Hände"* – ein erstes Lob Gottes und Bekenntnis der Gemeinde zu ihm.

Die Eröffnung wird mit dem liturgischen Wechselgruß, der so genannten Salutatio, beschlossen: *„Der Herr sei mit euch."* – *„Und mit deinem Geist."* Liturg und Gemeinde wünschen einander die Gegenwart Gottes. *„Mit deinem Geist"* bedeutet in biblischer Sprachtradition soviel wie: *„mit dir"*. Durch ihre Antwort ermächtigt und beauftragt die Gemeinde den Liturgen, im Namen Gottes zu ihr und in ihrem Namen zu Gott zu sprechen.

Lied zum Eingang

Im Gesang zeigt sich die Gemeinde als Trägerin des Gottesdienstes. Im Singen handelt sie selbst. Das Eingangslied stimmt ein auf das, was dann folgt. Als Teil der Eröffnung hilft es, den Übergang in den Gottesdienst gut zu vollziehen. In manchen dieser Lieder findet sich darum die Bitte um angemessenes Hören und Verstehen des Gotteswortes. Aber nicht nur der Text ist wichtig. Die Melodien sind noch stärker als der Wortlaut dafür verantwortlich, was ein Lied transportiert. Weil das so ist, entscheidet auch die Art der musikalischen Begleitung und das Singtempo darüber, ob Menschen im Gottesdienst gern und gut singen. Wo immer es geht, sollten darum die Kantoren gleichberechtigt an der Auswahl der Lieder für den Gottesdienst beteiligt sein. Das Auswählen ist gar keine leichte Sache. Eine gute Mischung aus alten und neuen Liedern ist ebenso wünschenswert wie ein Mix der musikalischen Stile. Kundig angeleitet ist es auch bereichernd für eine Gemeinde, immer wieder einmal ein neues Lied zu lernen.

Das Gesangbuch ist das Rollenbuch der Gemeinde im Gottesdienst. Es lohnt sich, einmal genauer in dieses Schatzkästlein unserer Tradition zu schauen. Auch wer nicht für sich allein singen mag, entdeckt doch in den Liedern eine Fülle von Gedanken des Glaubens der Generationen vor uns. Nicht alles davon wird man sich aneignen. Das muss auch nicht sein. Aber die Worte der Älteren stehen als Gefäße auch für unsere heutigen Anliegen und Gedanken bereit.

Psalm und „Ehre sei dem Vater"

Immer haben die Christen in ihren Gottesdiensten alte und neue Gebete gebetet, alte und neue Lieder gesungen. Konservativ oder innovativ: Das ist im evangelischen Gottesdienst keine Alternative. Beides, das schon Vertraute und das Neue, hat sein Recht. Natürlich gibt es auch unterschiedliche Gottesdienste, in denen hier die Tradition, dort das Experiment überwiegt.

Psalmen sind uralte Gebete, in denen der Glaube Sprache findet: Lob, Dank, Klage, Vertrauen, Bitte. Mit ihnen stimmt die Gemeinde nicht nur in den christlichen Gottesdienst aller Jahrhunderte und Regionen ein, sondern auch in den Gottesdienst des Volkes Israel. Die Psalmen stehen ja im Alten Testament, der jüdischen Bibel. Der Psalm verbindet uns deshalb besonders mit dem Gottesdienst der Synagoge.

Das Psalmgebet schließt zumeist mit einem trinitarischen Gotteslob: *„Ehre sei dem Vater und dem Sohn und dem Heiligen Geist, wie im Anfang, so auch jetzt und alle Zeit und in Ewigkeit"*, wie es im ökumenisch vereinbarten Wortlaut heißt. Damit treten wir nicht in Gegensatz zur Synagoge, sondern bekunden an ihrer Seite, dass für den christlichen Glauben der eine Gott Israels dreifaltig als Vater, Sohn und Heiliger Geist erschlossen ist.

Der Psalm wird entweder aus dem Betpsalter im Evangelischen Gesangbuch gesprochen. Die ganze Gemeinde liest ihn zusammen oder im Wechsel von Liturgin und Gemeinde oder von zwei Hälften der Gemeinde. Der Psalm kann auch in einem Psalmlied gesungen werden. Wenn als Eingangslied ein Psalmlied gesungen wurde, braucht kein weiterer Psalm zu folgen.

Ehre sei dem Vater und dem Sohn und dem Heiligen Geist, wie es war im Anfang jetzt und immerdar, und von Ewigkeit zu Ewigkeit. Amen.

Bußgebet und „Herr erbarme dich“

Auf dem Weg der Liturgie werden wir zunehmend wachsam für die Gegenwart Gottes. *„Zieh deine Schuhe von deinen Füßen, denn der Ort, darauf du stehst, ist heiliges Land“*, hört Mose Gott aus dem brennenden Dornbusch sagen (2. Mose 3,5). Dahinter steckt die uralte Erfahrung, dass Menschen sich verändern und etwas ablegen müssen, bevor sie Gott begegnen können. Es stimmt aber auch umgekehrt: Die Begegnung mit Gott ermöglicht Veränderung. Im Gottesdienst findet dies Ausdruck in einer kleinen Bußliturgie. Ein Bußgebet oder Sündenbekenntnis fasst in Worte, was Menschen von Gott und den Mitmenschen trennt. Das Gebet kann auch benennen, wie wir in den Gottesdienst kommen: fröhlich oder traurig, bedrückt oder zuversichtlich, beschwert oder mit freiem Herzen. Die Gemeinde stimmt ausdrücklich in das Gebet ein: *„Kyrie eleison“* – *„Herr, erbarme dich.“* Dieser Ruf galt in vorchristlicher Zeit dem weltlichen Herrscher als Erweis der Ehre. Im Neuen Testament wird Jesus Christus mit dem Ehrentitel „Kyrios“ (= „Herr“), dem *„Namen über alle Namen“* (Philipper 2,11), ausgezeichnet. Das dreifache *„Kyrie – Christe – Kyrie eleison“* kann auch trinitarisch auf den Vater, den Sohn und den Heiligen Geist bezogen werden. Wie auch immer: Im *„Kyrie eleison“* rufen wir Gott zugleich unsere Bedürftigkeit und unser Vertrauen auf seine Güte zu. Wie in der orthodoxen Kirche kann der Kyrie-Ruf auch im evangelischen Gottesdienst mit Fürbitten verbunden werden.

Herr, erbarme dich.
Christus, erbarme dich.
Herr, erbarme dich.

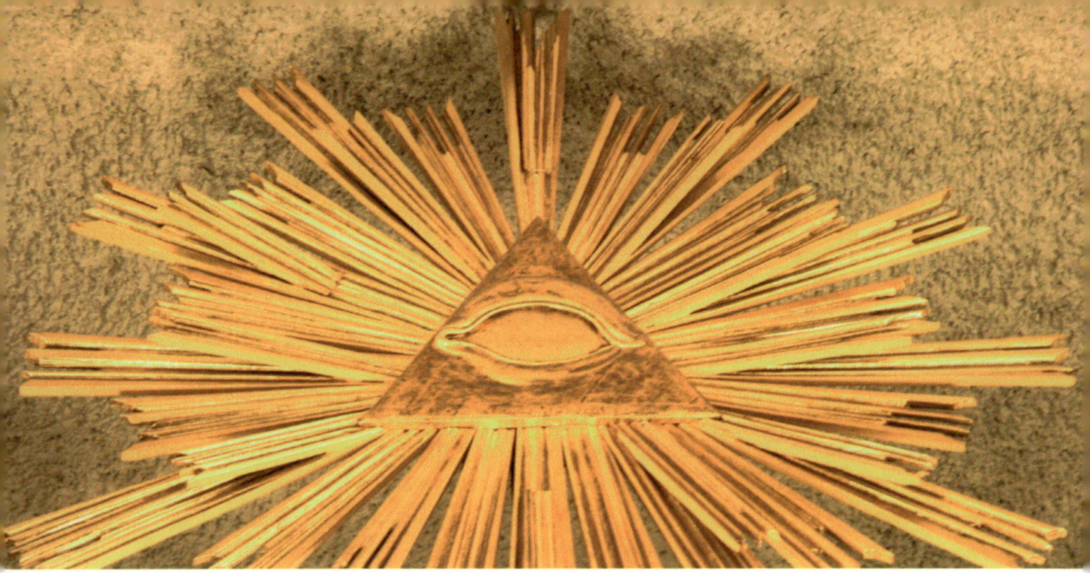

Gnadenzusage und „Ehre sei Gott in der Höhe"

Im Gleichnis läuft der Vater dem zurückkehrenden Sohn entgegen und fällt ihm um den Hals, noch ehe dieser sein Sündenbekenntnis aussprechen kann. So steht auch der Gottesdienst von Anfang an im Zeichen der Güte Gottes, mit der er unserer Umkehr immer schon zuvorgekommen ist. Nun aber, nachdem wir unsere Bedürftigkeit im Bußgebet / Sündenbekenntnis ausgesprochen und im *„Kyrie eleison"* Gott um sein Erbarmen angerufen haben, wird uns mit einem biblischen Wort die vergebende und zurechtbringende Gnade Gottes auch ausdrücklich zugesprochen. Zum Beispiel: *„Die Güte des Herrn ist's, dass wir nicht gar aus sind, seine Barmherzigkeit hat noch kein Ende, sondern sie ist alle Morgen neu, und deine Treue ist groß"* (Klagelieder 3,22–23). Der Gnadenzuspruch hat im Gottesdienst dieselbe Funktion wie in der Beichte die Absolution.

Der Zuspruch der Gnade Gottes löst einen festlichen Lobgesang aus, von dem bei uns meistens leider nur bescheidene Fragmente erklingen: *„Ehre sei Gott in der Höhe …"* Der Hymnus aus der Frühzeit der Kirche beginnt mit dem Jubel der Engel über den Feldern Bethlehems und setzt sich in der Preisung Gottes des Vaters und des Sohnes fort: *„Wir loben dich, wir preisen dich, wir beten dich an …"*

Dieses so genannte „große Gloria“ wird bei uns entweder in einer altkirchlich-gregorianischen Singweise im Evangelischen Gesangbuch (EG) 180.1, in dem Strophenlied aus der Reformationszeit *„Allein Gott in der Höh sei Ehr“* (EG 179) oder einer modernen Fassung (EG 180.2–4) gesungen.

Ehre sei Gott in der Höhe
und Friede auf Erden den Menschen seiner Gnade.
Wir loben dich,
wir preisen dich,
wir beten dich an,
wir rühmen dich und danken dir,
denn groß ist deine Herrlichkeit:
Herr und Gott, König des Himmels,
Gott und Vater, Herrscher über das All.
Herr, eingeborener Sohn, Jesus Christus.
Herr und Gott, Lamm Gottes, Sohn des Vaters,
du nimmst hinweg die Sünde der Welt:
erbarme dich unser;
du nimmst hinweg die Sünde der Welt:
nimm an unser Gebet;
du sitzest zur Rechten des Vaters:
erbarme dich unser.
Denn du allein bist der Heilige,
du allein der Herr,
du allein der Höchste:
Jesus Christus,
mit dem Heiligen Geist,
zur Ehre Gottes des Vaters.
Amen.

Tagesgebet

Am Ende des Eingangsteils steht ein Gebet, das Tagesgebet. In älteren Agenden heißt es Kollektengebet. Mit diesem Gebet wird gewissermaßen alles eingesammelt und vor Gott gebracht, was bis hierher gesprochen und gesungen wurde. Dabei geht es nicht um wortreiche Wiederholung, sondern um konzentrierte Bündelung. Die Liturgin kann dieselbe Blickrichtung wie die Gemeinde einnehmen, sich also zum Altar hin wenden. Die Gemeinde bekräftigt das Gebet mit ihrem „Amen". Damit drückt sie aus: Wir sind angekommen. Wir sind nun bereit, Gott aufzunehmen, der in seinem Wort und in seinem Sakrament zu uns kommt. Das Tor zur Schriftlesung steht offen.

In der liturgischen Tradition hat das Tagesgebet einen festen Aufbau, der auch heute meistens noch erkennbar ist: Der Einladung zum Gebet („Lasst uns beten!") kann zunächst eine Gebetsstille folgen, in der alle ihre ganz persönlichen Anliegen vor Gott bringen. Die eröffnende Anrede an Gott wird mit einer knappen Erinnerung an Gottes Heilshandeln entfaltet. Dann wird eine Bitte formuliert, die sich an Gottes Verheißung ausrichtet. Das Gebet schließt mit einem Lobpreis, der oft Jesus Christus besonders hervorhebt. Damit die Gemeinde ihr Amen singen oder sagen kann, muss der Gebetsschluss so formuliert sein, dass er gut zu erkennen ist. Auch wenn das Tagesgebet freier – nicht länger! – formuliert ist und sich nicht an der traditionellen Gestalt ausrichtet, gehört das Amen der Gemeinde.

Die vier Hauptteile des Gottesdienstes

Ein kurzes Innehalten

Mit dem Tagesgebet hat der Gottesdienst einen ersten Zielpunkt erreicht. Die Gemeinde hat sich Gott zugewandt und steht nun in lebendiger Verbindung zu ihm. *Eröffnung und Anrufung* heißt dieser Teil. Zwei beziehungsweise drei weitere Teile schließen sich an. Wir nehmen in einem kurzen „Zwischenstopp“ hier das Ganze in den Blick.

Es folgen *Verkündigung und Bekenntnis*. Die Bezeichnung deutet auf die Herzmitte des Gottesdienstes: Gott und Gemeinde im Gespräch. Dieser Teil umfasst Lesungen aus der Heiligen Schrift und die Predigt, darauf bezogene Lieder der Gemeinde (Wochenlied, Predigtlied) sowie das Glaubensbekenntnis. Auch Fürbitten und Dankopfer können als Aspekte des Bekenntnisses aufgefasst werden, mit dem die Gemeinde auf die Verkündigung antwortet.

Die Kommunikation von Verkündigung und Bekenntnis vertieft sich in der Kommunion. Eingefasst in Lob und Dank, bildet das *Abendmahl* den dritten Teil des Gottesdienstes. Vielerorts wird es nur ein- oder zweimal im Monat gefeiert, doch gehört es auch in der evangelischen Kirche wieder organischer zum Gottesdienst als in früheren Zeiten.

Sendung und Segen schließlich leiten vom Gottesdienst der vor Gott versammelten Gemeinde über zu der Gestalt des Gottesdienstes, in der die Einzelnen den Glauben im Alltag bezeugen und leben. Als Hinwendung der Gemeinde zur Welt verstanden, können die Fürbitten auch hier im Schlussteil des Gottesdienstes ihren Platz finden.

So stellt sich der ganze Gottesdienst als eine gegliederte Einheit dar – wie eine aus vier Bögen bestehende Brücke.

Lesung aus Altem Testament und Epistel

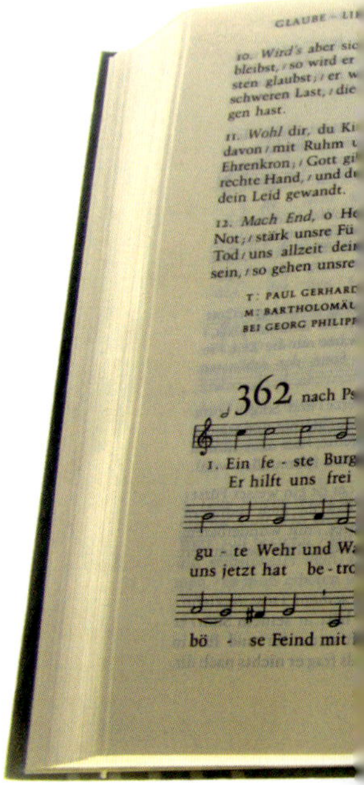

Gott offenbart sich seiner Gemeinde im Wort der Heiligen Schrift. Die Lesungen aus der Bibel sind deshalb ein zentrales gottesdienstliches Element. Die Ordnung der Lesungen sieht für jeden Sonntag je eine Lesung aus dem Alten Testament, den apostolischen Briefen (Episteln) und den Evangelien vor. Dabei ist das Evangelium der Leittext.

In der Praxis vieler Gemeinden gibt es nur zwei Schriftlesungen. Das Alte Testament wird häufig nur als Alternativtext zur Epistel behandelt, was seiner Bedeutung für den christlichen Glauben nicht gerecht wird.

Wenn die Lesung mit dem Satz „Worte der Heiligen Schrift“ beendet wird, kann die Gemeinde antworten: „Gott sei Lob und Dank“. Zusammen mit der Ankündigung der Lesung ergibt sich dann für die Texte des Alten Testaments und die Epistel jeweils ein liturgischer Rahmen. Nach der (zweiten) Lesung stimmt die Gemeinde, außer in der Passionszeit und an Bußtagen, das Halleluja an. Auf das gesungene dreimalige Halleluja der Gemeinde folgt ein Hallelujavers, zumeist aus dem Psalter – schön, wenn er von Kantorin oder Chor gesungen wird –, danach wiederholt die Gemeinde das Halleluja.

Für das Lesen im Gottesdienst gibt es Regeln, die eingeübt und ständig gepflegt werden sollten. Wenn die Lesungen als ein Höhepunkt des Gottesdienstes ernst genommen werden, bedeutet dies, dass Lektorinnen und Lektoren nicht nur gefunden und ermutigt, sondern auch zu diesem Dienst angeleitet, darin begleitet und fortgebildet werden müssen.

Wochenlied

Das Lied zwischen den Schriftlesungen hat eine besondere Tradition. Im Verständnis der Alten Kirche folgte auf jede biblische Lesung eine Antwort der Gemeinde. Hier zeigt sich die grundlegende Struktur von „Wort – Antwort" im Gottesdienst. Auf die Lesung aus dem Alten Testament folgte ein Psalm der Gemeinde, der sogenannte Gradualpsalm (Zwischengesang), auf die Brieflesung das Halleluja mit Psalmvers und auf das Evangelium (und seine Auslegung in der „Homilie", das heißt der Predigt) das Glaubensbekenntnis. Immer geht es darum, dass die Gemeinde in einer vertiefenden Meditation Raum zur Anbetung gewinnt.

In Martin Luthers Ordnung der „Deutschen Messe" steht an der Stelle des Gradualpsalms ein Lied der Gemeinde. Durch die Verminderung der Anzahl der Lesungen entstand später der Brauch, nach der Schriftlesung, meist der Epistel, das Halleluja mit Psalmvers zu singen und daran anschließend dieses Lied. So konnte es auch eine thematische Brücke zwischen der Epistel und dem nachfolgenden Evangelium bilden. Später verlor sich die Bedeutung dieses Gradualliedes immer mehr.

Erst seit der Mitte des 20. Jahrhunderts gibt es eine Ordnung der Wochenlieder, die zu jedem Sonntag ein bestimmtes Lied passend zu den Lesungen vorschlägt. Die meisten dieser Lieder stammen aus dem 16. und 17. Jahrhundert und wirken heute teilweise altertümlich. Wenn drei Lesungen vorgetragen werden, kann an die alte Tradition angeknüpft werden: Das Lied folgt dann auf die erste Lesung, das Halleluja auf die zweite.

Evangelium

„Es begab sich aber zu der Zeit …“: Am Heiligen Abend und am Ersten Weihnachtstag wird die Weihnachtsgeschichte aus Lukas 2 gelesen und am Zweiten Weihnachtstag der sogenannte Prolog aus Johannes 1: *„Im Anfang war das Wort …“*. Am Karfreitag ist der Bericht von der Kreuzigung Jesu (Johannes 20) dran, am Ostersonntag das Auferstehungsevangelium nach Markus (Kapitel 16) und am Ostermontag die Geschichte von den Emmausjüngern (Lukas 24).

Wer legt das fest? Uralte Tradition. Bestimmte Evangelienabschnitte sind den einzelnen Sonn- und Festtagen zum Teil schon länger als 1 500 Jahre zugeordnet. Auch den normalen Sonntagen. So gehört zum zweiten Sonntag nach Ostern *„Miserikordias Domini“*, der auch *„Sonntag vom guten Hirten“* genannt wird, die Hirtenrede Jesu aus Johannes 10: *„Ich bin der gute Hirte …“* Zu „Jubilate“, dem Sonntag danach, gehört die Weinstockrede aus Johannes 15: *„Ich bin der Weinstock, ihr seid die Reben …“* und zu Kantate eine Woche später der so genannte Heilandsruf Jesu aus Matthäus 11: *„Kommt her zu mir alle, die ihr mühselig und beladen seid …“*

Das Evangelium, das jedem Sonn- und Festtag sein Thema gibt, gilt als die wichtigste der Schriftlesungen. Hat die Gemeinde zur Lesung aus dem Alten Testament oder zur Epistel gesessen – zum Evangelium steht sie auf. Warum? Weil in ihm Jesus Christus selbst zu seiner Gemeinde kommt. Deshalb begrüßt sie ihn nach der Ankündigung des Evangeliums mit *„Ehre sei dir, Herr“* und preist ihn nach der Verlesung mit *„Lob sei dir, Christus“*.

Orte und Bücher für die Schriftlesungen

Von welcher Stelle und aus welchem Buch wird im Gottesdienst gelesen? Diese Fragen sind gar nicht so eindeutig zu beantworten, wie es auf den ersten Blick scheint. In Kirchen gibt es herausgehobene Orte: das Taufbecken als Tauf-Ort, die Kanzel und das Lesepult (Ambo) als Orte der Wortverkündigung (Rede zur Gemeinde) und den Altartisch als Ort des Mahles und des Gebets (Rede zu Gott). In der Regel liegt eine aufgeschlagene Bibel auf dem Altar. Sie ist ein sichtbares Zeichen der Anrede Gottes an uns Menschen und ein Hinweis auf den Herrn, der durch sein Wort wirkt. Werden die Schriftlesungen aus der Altarbibel gelesen, sollte sie für die Lesung zum Lesepult getragen werden. Anschließend wird sie wieder an ihren Platz gebracht. Die kleine Prozession führt die Hochschätzung der Heiligen Schrift vor Augen. Ist kein Ambo vorhanden, kann auch die Kanzel zum Leseort für die Lektoren werden; denn auch die Schriftlesung ist Teil der Verkündigung.

Vielerorts gibt es ein Lektionar für die Schriftlesungen. In ihm sind die Bibeltexte für alle Sonn- und Festtage zusammengestellt. Die Textabschnitte (Perikopen) sind für das Lesen durch Zäsurzeichen und knappe Überleitungen eingerichtet. Gelegentlich wird eine andere als die Übersetzung Luthers benutzt. Dann sollte ebenfalls aus einem Bibelbuch gelesen werden. Lose Zettel hingegen wirken unangemessen und störend. Zwar ist das Buch an sich kein Gegenstand der Verehrung, doch das Christentum ist eine Buchreligion und keine „Zettelreligion".

Glaubensbekenntnis

Der zweite Hauptteil des Gottesdienstes heißt „Verkündigung und Bekenntnis“. Mit dem Glaubensbekenntnis antwortet die Gemeinde auf Gottes Wort – entweder erst nach der Predigt oder bereits nach den Schriftlesungen.

Das alte gottesdienstliche Glaubensbekenntnis ist das Nizänische. Es wurde im 4. Jahrhundert auf Konzilien in Nicäa und Konstantinopel formuliert und verbindet die Kirchen des Ostens (die Orthodoxie) und des Westens miteinander. An hohen Festen wird es oft auch bei uns gesprochen. Meistens wird aber das Apostolische Glaubensbekenntnis verwendet. Zu ihm haben nach einer schönen Legende alle zwölf Apostel einen Satz beigesteuert. Es ist das alte Taufbekenntnis der westlichen Kirche. Wie das Nizänische steht es im Anhang des Gesangbuchs.

Mit Luthers *„Wir glauben all an einen Gott“* (EG 183) oder dem wunderbaren Lied *„Wir glauben Gott im höchsten Thron“* von Rudolf Alexander Schröder und Christian Lahusen (EG 184) kann das Glaubensbekenntnis auch gesungen werden. Die Gemeinde kann den

christlichen Glauben auch immer wieder einmal mit Worten neuerer Glaubenszeugnisse bekennen.

Das Glaubensbekenntnis ist kein Gebet, sondern mehr eine feierliche Erklärung. Mit ihr vergewissert sich die Gemeinde nach innen des Fundamentes, auf dem sie steht, und vertritt nach außen, wozu sie steht. Apropos „steht“: Zum Glaubensbekenntnis steht die Gemeinde! Das Glaubensbekenntnis ist zugleich ein Lob Gottes, weshalb es passend so eingeleitet wird: *„Lasst uns Gott loben mit dem Bekenntnis unseres Glaubens!“*

Ich glaube an Gott,
den Vater, den Allmächtigen,
den Schöpfer des Himmels und der Erde.

Und an Jesus Christus,
seinen eingeborenen Sohn, unsern Herrn,
empfangen durch den Heiligen Geist,
geboren von der Jungfrau Maria,
gelitten unter Pontius Pilatus,
gekreuzigt, gestorben und begraben,
hinabgestiegen in das Reich des Todes,
am dritten Tage auferstanden von den Toten,
aufgefahren in den Himmel;
er sitzt zur Rechten Gottes, des allmächtigen Vaters;
von dort wird er kommen,
zu richten die Lebenden und die Toten.

Ich glaube an den Heiligen Geist,
die heilige christliche Kirche,
Gemeinschaft der Heiligen,
Vergebung der Sünden,
Auferstehung der Toten
und das ewige Leben.

Sitzen und Stehen

Wir reden nicht nur mit dem Mund und hören nicht nur mit den Ohren. Körper sprechen und Augen hören mit. Die Regeln der gottesdienstlichen Körpersprache sind weder zeitlos noch willkürlich.

Im Stehen bekunden wir anderen Achtung. Auch Gott. *„Die ihr steht im Hause des Herrn"*, wird die Tempelgemeinde angeredet (Psalm 135,2). Im orthodoxen Gottesdienst, der als Mitfeier des himmlischen Gottesdienstes erlebt wird, sitzt die Gemeinde überhaupt nicht. Stehen erleichtert auch das Singen: *„Ich steh hier und singe …"* (EG 396,3). Aber auch das Sitzen hat ein Leitbild: Maria *„setzte sich dem Herrn zu Füßen und hörte seiner Rede zu"* (Lukas 10,39).

So ist das Sitzen die passende Haltung, in der die Gemeinde konzentriert zuhört, vor allem der Schriftlesung und der Predigt. Zum Evangelium steht sie auf, weil, wie schon erwähnt, nach liturgischer Überlieferung im Evangelium Jesus selbst zu seiner Gemeinde kommt und sie ihn empfängt: *„Ehre sei dir, Herr – Lob sei dir, Christus!"*

Stehend ehren wir Gott, in Lob und Bitte. Das Stehen drückt nicht nur die Haltung von Dank und Erwartung aus, sondern unterstützt sie auch. Zum Eingangsteil „Eröffnung und Anrufung", zum Glaubensbekenntnis, zum Fürbittengebet, zur Abendmahlsliturgie (*„Erhebet eure Herzen! Wir erheben sie zum Herrn"* – etwa im Sitzen?), zum Vaterunser, zum Empfang des Segens kann die Gemeinde stehen. Und wem das Stehen zu viel Mühe macht, der bleibe in evangelischer Freiheit einfach sitzen – auch ohne ausdrückliche Erlaubnis!

Predigt

Die Predigt gilt als Herzstück des evangelischen Gottesdienstes. Den hohen Erwartungen an die Predigt entsprechen Mühe und Sorgfalt ihrer Vorbereitung. Der Rang der Predigt erwächst aus dem Verständnis der Bibel als der grundlegenden Offenbarungsurkunde, die immer neu ausgelegt werden muss, um den Glauben an Jesus Christus zu erwecken, zu bilden und zu stärken. Deshalb legt eine Predigt zumeist einen biblischen Text aus. In sechs Jahrgängen werden dafür über 400 „Perikopen“, das heißt Textabschnitte, vorgeschlagen. An Stelle von Bibelabschnitten können von Zeit zu Zeit auch andere Texte christlicher Tradition zur Predigtgrundlage werden, etwa Lieder des Gesangbuchs oder Stücke des Katechismus wie Taufe, Abendmahl oder Glaubensbekenntnis.

Dem Bekenntnis der Kirche verpflichtet, ist die Predigt als aktuelles persönliches Zeugnis des Predigers vor einer konkreten Gemeinde immer auch ein Wagnis. Nach evangelischem Verständnis soll die mündige Gemeinde die vorgetragene Lehre prüfen. Predigerinnen wiederum sind auf ein vernehmbares, kritisch-aufbauendes Echo angewiesen. Gut, wenn in einer Gemeinde regelmäßig Gottesdienste und Predigten besprochen werden. Dabei erfahren alle, dass die Pfarrer, die als Prediger der Gemeinde gegenüberstehen, zugleich, ja zunächst Teil der Gemeinde sind, die sie zum Predigtdienst bestellt hat. Bei aller evangelischen Hochschätzung der Predigt: Sie steht nicht isoliert, sondern ist als Teil der Liturgie in das Ganze des Gottesdienstes eingebunden.

Kanzelgruß und Kanzelsegen

„Gnade sei mit euch und Friede von Gott, unserm Vater, und dem Herrn Jesus Christus“: Mit der Grußformel des Apostels Paulus (1. Korinther 1,3) beginnt häufig die Predigt. Ist das nötig? Denn meistens hat ja der Prediger als Liturg bereits zu Beginn des Gottesdienstes die Gemeinde begrüßt und deren Gruß empfangen: *„Der Herr sei mit euch – und mit deinem Geist.“* Auch am Beginn der Abendmahlsliturgie steht dieser Wechselgruß, und vor Entlassung und Segen kann er erneut gesprochen werden. Warum?

Liturgische Grüße sind mehr als ein: „Hallo, da bin ich – und ihr also auch!“ Durch sie befehlen die Liturgin und die Gemeinde einander Gott an. Die Vervielfachung des Grußes kann daran erinnern, dass einst mehrere Liturgen jeweils bei ihrem ersten Auftreten die Gemeinde persönlich grüßten. Aber auch wenn nur ein Liturg agiert, behält die mehrmalige Auffrischung des Wechselgrußes zu Beginn der Gottesdienstteile ihren Sinn. Warum übrigens sollten nicht auch vor der Schriftlesung der Lektor und die Gemeinde einander so grüßen?

„Der Friede Gottes, der höher ist als alle Vernunft, bewahre eure Herzen und Sinne in Christus Jesus, unserm Herrn“ (Philipper 4,7). Antwortet die Gemeinde auf den Kanzelsegen mit ihrem *„Amen“*, so bestätigt sie zugleich, dass sie in der Predigt das an sie gerichtete Wort Gottes gehört hat und beherzigen will. Geschichtlich erinnert der Kanzelsegen an einen ganz knappen Gottesdienst, der im Kern aus der Predigt bestand und mit dem Segen endete.

Kollekte oder Dankopfer

Die Antwort auf das ihr verkündete Wort Gottes gibt die Gottesdienstgemeinde nicht nur im Glaubensbekenntnis. Zum Bekenntnis des Mundes tritt das Bekenntnis der Tat: die Praxis gelebter Liebe. Sie hat in der Kollekte ihre liturgische Gestalt. Denn Glaubensbekenntnis und Kollekte symbolisieren rituell, wozu die Christen im Alltag aktuell herausgefordert und befähigt sind: mit Worten und Taten die Liebe Gottes zu bezeugen, die sie selbst erfahren haben, die aber aller Welt gilt und zugute kommen will.

Die Kollekte als symbolisches Handeln der Gemeinde zu verstehen, wird ihrem Doppelcharakter gerecht. Zum einen repräsentiert sie im Sonntagsgottesdienst dessen Alltagsgestalt: Dasein für andere. So gesehen, kommt es nicht auf die Summen an, die bei der Kollekte gesammelt werden, sondern auf das mit jeder Münze und jedem Schein gegebene verbindliche Dank- und Dienstzeichen. Das „Dankopfer" steht stellvertretend für kirchliche Abgaben (Kirchensteuer) und sonstige Spenden. Es verweist auf den geistlichen Gehalt aller Geldgaben und wird so zum Ausdruck der persönlichen Praxis der Gottes- und Nächstenliebe insgesamt.

Andererseits tragen die gottesdienstlichen Kollekten sehr real zur Finanzierung kirchlicher Arbeitszweige bei, vor allem in Diakonie und Ökumene. Auch könnten besondere Projekte der Gemeinde ohne große Spendenbereitschaft nicht finanziert werden. So gesehen, sind die erzielten Erträge nicht gleichgültig. Trotzdem: Der kleinste Beitrag – ein Scherflein – kann der größte sein.

Abkündigungen und Mitteilungen

Manchmal wirken die Abkündigungen wie ein Fremdkörper im Gottesdienst. Wie passen Informationen für die Gemeinde zum gottesdienstlichen Gespräch zwischen Gott und seiner Gemeinde?

Sie gehören zur Antwort der Gemeinde auf Gottes Wort. Erstens zum Dankopfer, das heißt zur Kollekte. Damit bekunden ja die Gottesdienst feiernden Menschen, dass sie nach Gottes Weisung für andere leben und zu den Aufgaben der Kirche und zur Behebung von Notlagen beitragen wollen – jede und jeder in persönlicher Freiheit und Verantwortung. Dafür muss bekannt sein, wozu die Kollekten bestimmt sind. Deshalb werden die Kollektenzwecke bekannt gegeben.

Zweitens gehören die Abkündigungen zu den Fürbitten. In ihnen bittet die Gemeinde Gott aus gegebenen Anlässen, seine Verheißungen wahr zu machen und vor allem den besonders Bedürftigen beizustehen. Zu solchen konkreten Anlässen gehören Taufen, Trauungen und Bestattungen in der Gemeinde, aber auch Synoden und andere wichtige kirchliche Ereignisse nah und fern. Abkündigungen dienen dazu, dass die Gemeinde informiert mitbeten kann – übrigens auch für die, denen das gesammelte Geld nützen soll.

Deshalb gehören die Abkündigungen vor die Fürbitten. Die Hinweise und Einladungen zu bevorstehenden Veranstaltungen fügen sich am besten in den Sendungsteil am Schluss des Gottesdienstes ein. Solche Mitteilungen, knapp formuliert und vorgetragen, können mit dem Wochenspruch schließen, der so zum Sendungswort wird. Eine Liedstrophe leitet zum Segen über.

Fürbittengebet

In den Fürbitten nimmt die Gemeinde die Verheißung auf, dass Gott das Werk seiner Hände nicht preisgibt, sondern es bewahren, heilen und vollenden will. Sie erinnern Gott an seine zugesagte Hilfe und lenken seinen Blick auf konkrete Bedürfnisse. Dies sind herkömmlich Anliegen des Reiches Gottes und der Kirche sowie des öffentlichen und sozialen Lebens. Auf Bitten für Menschen in besonderen Notlagen folgen Anliegen der Kirchengemeinde, speziell von neu getauften Mitgliedern und getrauten Ehepaaren, Verstorbenen und ihren trauernden Angehörigen.

Fürbitten sollen wirklich Bitten an Gott sein. Sie bringen ins Gebet, wozu unsere menschliche Kraft zu schwach ist. Was unsere Aufgabe und Zuständigkeit ist, hat seinen Platz an anderer Stelle, etwa in der Predigt. In Form und Sprache sollen Fürbitten so gestaltet sein, dass die Gemeinde sie gut mitbeten und mit wiederholten Rufen wie *„Erhöre uns, Gott"* oder *„Herr, erbarme dich"*, spätestens aber mit dem gemeinsam gesprochenen *„Amen"* bekräftigen kann.

Ihren angestammten Platz haben die Fürbitten am Schluss des Verkündigungs- und vor Beginn des Abendmahlsteils. In Gottesdiensten ohne Abendmahlsfeier stehen sie unmittelbar vor dem Vaterunser. Von daher finden wir sie meistens im Schlussteil des Gottesdienstes. Dort können sie sich auch mit dem Dankgebet nach dem Abendmahl verbinden. Möglich ist aber auch, das *„Kyrie eleison"* („Herr, erbarme dich") im Eingangsteil wie im orthodoxen Gottesdienst als Fürbittengebet zu gestalten.

Abendmahl

Im Gottesdienst kommt Gott uns nahe im biblischen Wort, das gelesen und gepredigt wird, und in den Sakramenten, die wir nach der Stiftung Jesu feiern. Ist die Taufe das Sakrament des Anfangs im christlichen Glauben, so ist das Abendmahl das Sakrament des Weges, auf dem das wandernde Gottesvolk immer neu gestärkt wird. Darum ist es gut, dass viele Gemeinden inzwischen mehr als nur einmal im Monat das Abendmahl feiern. Auch im Ablauf der Liturgie zeigt sich die gewachsene Hochschätzung des Abendmahls. Als dritter Teil ist das Abendmahl fester Bestandteil des Gottesdienstes. Die Agende, das Evangelische Gottesdienstbuch, betrachtet es als Normalfall, dass im Gottesdienst auch das Abendmahl gefeiert wird.

Das Abendmahl kann knapp gestaltet oder liturgisch reicher entfaltet sein. Unabdingbar sind die Einsetzungsworte, das Vaterunser, die Austeilung und der Dank an Gott. Welche Gebete und Gesänge zur Abendmahlsfeier gehören, ist durch die konfessionelle Prägung einer Gemeinde mitbestimmt. In den unierten Gemeinden, die liturgisch eher in lutherischer Tradition stehen, sind das außer dem Präfationsgebet (Lobgebet) die Gesänge Sanctus (Dreimalheilig) und Agnus Dei (Christe, du Lamm Gottes).

Mit der Feier des Abendmahls ist eine Fülle praktischer Fragen verbunden, die in vielen Gemeinden diskutiert werden. Zum Beispiel: Nehmen wir Brot oder Oblaten, Wein oder Traubensaft? Wie gestalten wir die Austeilung? Sind getaufte Kinder willkommen? Auch auf diese praktischen Fragen gehen die folgenden Abschnitte ein.

In jüngerer Zeit wird das Abendmahl nicht nur häufiger, sondern auch fröhlicher gefeiert. Prägten früher dunkle Kleidung und ernste Stimmung die Abendmahlsgemeinde, so geht es heute heller und heiterer zu. Aus guten theologischen Gründen!

Herkömmlich war die Abendmahlsfrömmigkeit nur auf die Sündenvergebung konzentriert. Der Teilnahme am Abendmahl ging eine Beichte voran, sei es eine persönliche oder eine gemeinsame Beichte der versammelten Gemeinde. Die Älteren haben es noch im Ohr: *„Ich armer, elender, sündiger Mensch … Ist dies euer aufrichtiges Bekenntnis … Auf dies euer Bekenntnis hin verkündige ich euch …“*

Der Ernst beim Abendmahl war von der Sorge um die persönliche Würdigkeit getragen. Man hatte das Wort des Paulus im Ohr: *„Wer unwürdig von dem Brot*

isst oder von dem Kelch des Herrn trinkt, der wird schuldig sein am Leib und Blut des Herrn" (1. Korinther 11,27). Aber Paulus meinte mit „unwürdig" nicht ein religiöses Defizit, sondern ein liebloses Verhalten gegenüber den Schwestern und Brüdern. Das Abendmahl verbindet nicht nur mit Christus, sondern auch die Christen untereinander!

Auch die Gemeinschaftsmahle Jesu, von denen die Evangelien erzählen, erschließen die soziale Dimension des Abendmahls: Am Tisch Jesu finden ausgegrenzte Menschen in die Gemeinschaft Gottes und der Menschen zurück. Seltsam, wenn da keine Freude aufkäme!

Das Abendmahl mit einer festlichen Mahlzeit zu verbinden, getaufte Kinder einzuladen, in Liedern die Freude an der Gemeinschaft mit Gott und untereinander auszudrücken, dies alles lässt uns mit Ernst und festlicher Fröhlichkeit Abendmahl feiern.

Liturgie des Abendmahls

„*Kommt mit Gaben und Lobgesang, jubelt laut und sagt fröhlich Dank*" – Eucharistie, also „Danksagung", ist eine ökumenisch verbreitete Bezeichnung für das Abendmahl. Das kommt in dem Abendmahlslied „Kommt mit Gaben und Lobgesang" (EG 229) besonders zur Geltung. Zunächst die Gaben: Wir feiern mit Brot und Wein, die die Lebensgaben der Schöpfung repräsentieren. Während die Gemeinde das Lied zur Gabenbereitung singt, wird der Tisch gedeckt. Die Gaben werden gebracht oder, wenn sie schon vor dem Gottesdienst bereitgestellt wurden, zubereitet: Das Brot wird aus der Büchse (Pyxis) genommen und auf den Teller (Patene) gelegt, der Wein aus der Kanne in den Kelch gegossen.

Präfation

Dann beginnt die Präfation, das in mehrere Teile gegliederte Lobgebet. Auf den Wechselgruß: *„Der Herr sei mit euch" – „und mit deinem Geist"* folgt die Aufforderung: *„Erhebet eure Herzen"*. Die Gemeinde reagiert: *„Wir erheben sie zum Herrn"* – und steht spätestens jetzt auf. *„Lasset uns danken dem Herrn, unserm Gott"* – damit ist das Thema „Danksagung" intoniert; die Gemeinde antwortet: *„Das ist würdig und recht."* Auf diesen Dialog folgt ein Gebet, das in seiner vollen Entfaltung zwischen einem geprägten Eingangs- und Schlussteil Gottes Heilshandeln in Jesus Christus benennt. Dieser Mittelteil ist je nach Anlass oder Kirchenjahreszeit unterschiedlich formuliert. Das Gebet mündet in das Dreimalheilig, das Sanctus, mit dem die Gemeinde in den Gottesdienst der himmlischen Wesen einstimmt.

Dreimalheilig

„Heilig, heilig, heilig ist der Herr Zebaoth, alle Lande sind seiner Ehre voll" – so singen die Engel in der Berufungsvision des Propheten Jesaja einander das Lob Gottes zu (Jesaja 6,3). Auch der Seher Johannes hört in der Vision vom Thron Gottes die Engel das Dreimalheilig singen (Offenbarung 4,8). Darum heißt es in der Über-

leitung, dass wir, die Gemeinde, unsere Stimmen mit denen der himmlischen Chöre vereinigen. An keiner Stelle des Gottesdienstes wird so deutlich, dass durch ihn der Name Gottes geheiligt wird – *„wie im Himmel, so auf Erden"*.

„Hosianna in der Höhe": Auch die Fortsetzung des Sanctus ist ein Text des Alten Testaments (Psalm 118,25f.), der im Neuen, beim Einzug Jesu in Jerusalem, wiederaufgeführt wird (Matthäus 21,9). Hosianna heißt ursprünglich „Hilf doch!" (griechisch: „eleison"), wandelte sich aber zu einem Huldigungsruf an den, von dem man Hilfe erfahren hatte und neu erwartete. Die Menschen, die Jesus zujubeln, haben erkannt, dass er ihnen das Reich Gottes eröffnet, und feiern ihn als Messias: *„Gelobt sei, der da kommt im Namen des Herrn."* Nach diesem sogenannten „Benedictus" (lateinisch: „gelobt"), mit dem die Gemeinde den im Abendmahl zu ihr kommenden Herrn begrüßt, wird das *„Hosianna in der Höhe"* wiederholt.

Heilig, heilig, heilig ist Gott,
der Herr Zebaoth.
Voll sind Himmel und Erde seiner Herrlichkeit.
Hosianna in der Höhe.
Gelobet sei, der da kommt im Namen des Herren.
Hosianna in der Höhe.

Einsetzungsworte und Abendmahlsgebet

Nach dem Sanctus spricht der Liturg die Einsetzungsworte. Sie berichten, wie Jesus am Vorabend seiner Kreuzigung das Abendmahl gestiftet hat: Zur Eröffnung der Mahlzeit hat er einen Fladen Brot, zum Abschluss der Mahlzeit einen Becher Wein unter seine Jünger verteilt. Er hat diese Handlung als symbolische Darstellung seines Todes gedeutet, durch den er sein Leben allen zugute hingab: *„Das ist mein Leib, der für euch gegeben wird … Dieser Kelch ist der neue Bund in meinem Blut, das für viele vergossen wird zur Vergebung der Sünden."* Und er hat geboten, diesen symbolischen Ritus zu wiederholen: *„Solches tut zu meinem Gedächtnis."*

Luther verstand die Einsetzungsworte als Evangelium, das Glauben weckt. Er löste sie aus der Klammer des katholischen Abendmahlsgebets, in dem sie Bestandteil eines Gott dargebrachten Opfers geworden waren. Dadurch verblasste

aber im evangelischen Abendmahl der festliche Glanz von „Eucharistie" (Danksagung an Gott, den Vater), „Anamnese" (Gedächtnis der Sendung des Sohnes) und „Epiklese" (Herabrufung des Heiligen Geistes), der die ökumenischen Abendmahlsliturgien umgibt. Diesen Reichtum holten die Abendmahlsgebete unserer neuen Agende in den evangelischen Gottesdienst zurück. Sie bewahren aber den Charakter der Einsetzungsworte als Verkündigung. Die Gemeinde kann, ausgelöst durch den Ruf *„Geheimnis des Glaubens"*, mit dem Christuslob darauf antworten: *„Deinen Tod, o Herr, verkünden wir und deine Auferstehung preisen wir, bis du kommst in Herrlichkeit"* (EG 189).

Unser Herr Jesus Christus, in der Nacht, in der er verraten ward, nahm er das Brot, dankte und brach's und gab's seinen Jüngern und sprach: Nehmet hin und esset. Das ist mein Leib, der für euch gegeben wird. Das tut zu meinem Gedächtnis. Desgleichen nahm er auch den Kelch nach dem Abendmahl, dankte und gab ihnen den und sprach: Nehmet hin und trinket alle daraus, dieser Kelch ist der neue Bund in meinem Blut, das für euch vergossen wird zur Vergebung der Sünden. Das tut, sooft ihr's trinket, zu meinem Gedächtnis.

Vaterunser

Das Grundgebet der Christenheit verdankt seinen Rang der biblischen Überlieferung. Nach dem Zeugnis des Neuen Testaments geht der Wortlaut auf Jesus selbst zurück, der damit Orientierung und Maßstab für all unser Beten und Bitten gesetzt hat (Matthäus 6,9–13; vergleiche auch Lukas 11,2–4). Das Vaterunser ist in allen Lebensäußerungen des christlichen Glaubens fest verankert: in der persönlichen Frömmigkeitspraxis ebenso wie in den Stundengebeten klösterlicher Gemeinschaften, in allen Gottesdiensten ebenso wie in Andachten. Diese Vielfalt gründet in der Fülle dessen, was das Vaterunser umfasst: Gott und Mensch, Himmel und Erde, Gegenwart und Zukunft, Bedürftigkeit und Hoffnung, Glanz und Schuld – alles hat Raum in den Worten Jesu. In dieser großen Weite ist das Vaterunser eine Summe des Evangeliums.

Sein Platz in der Abendmahlsliturgie ist vordergründig durch die Bitten um das tägliche Brot und die Vergebung der Schuld motiviert, es hat aber einen noch weiteren Sinn. Wie das Abendmahl als Ganzes die Begegnung mit dem lebendigen Christus schenkt, so verbindet auch das Vaterunser alle, die darin einstimmen, mit ihm, der so zu beten gelehrt hat. In diesem Sinne heißt es „Gebet des Herrn". In Gottesdiensten ohne Abendmahlsfeier beschließt das Vaterunser die Fürbitten; es nimmt alle ungenannten Bitten der ganzen Gemeinde in sich auf und bringt sie vor Gott. Unmittelbar vor dem Segen gesprochen, erhält das Vaterunser den Charakter eines Segensgebetes, dem der Segenszuspruch Erhörung und Erfüllung verheißt.

Vater unser im Himmel,
geheiligt werde dein Name.
Dein Reich komme.
Dein Wille geschehe,
wie im Himmel so auf Erden.
Unser tägliches Brot gib uns heute.
Und vergib uns unsere Schuld,
wie auch wir vergeben unsern Schuldigern.
Und führe uns nicht in Versuchung,
sondern erlöse uns von dem Bösen.
Denn dein ist das Reich und die Kraft und die Herrlichkeit
in Ewigkeit.

Friedensgruß und Friedensgeste

Zwischen Vaterunser und *„Christe, du Lamm Gottes"* steht der Friedensgruß: *„Der Friede des Herrn sei mit euch allen"* – *„Friede sei mit dir."* Er war aus der evangelischen Abendmahlsfeier fast verschwunden, ist nun aber zurückgekehrt. Auf den Wechselgruß kann die Aufforderung folgen: *„Gebt einander ein Zeichen des Friedens und der Gemeinschaft"*, woraufhin die Mitfeiernden Friedenswunsch (*„Friede sei mit dir"*) und Friedensgeste (Händedruck, Umarmung; früher einmal: den „heiligen Kuss"!) austauschen. Wir kennen den Brauch vor allem aus der römisch-katholischen Messe. Dort hat ihn die Liturgiereform des 20. Jahrhunderts wieder heimisch gemacht. Von dort strahlt er zu uns aus.

Friedensgruß und -geste erklären sich aus der vorangehenden Vaterunser-Bitte: *„Vergib uns unsre Schuld, wie auch wir vergeben unsern Schuldigern."* Indem wir den Umstehenden im Gottesdienst (von denen uns oft gar nichts trennt) den Frieden zusprechen, vergeben wir unseren (meist gar nicht anwesenden) Schuldigern. Es ist eine symbolische Versöhnungsgeste, die wir am besten bald den realen Schuldigern gegenüber wiederholen. Und wie uns andere in Friedensgruß und -geste die Vergebung symbolisch zusprechen, bitten wir am besten die, deren Schuldiger wir sind, bald ausdrücklich um Vergebung.

Von dem liturgischen Friedensgruß, der so genannten „Pax“, gehen also reale Versöhnungsimpulse aus. Und unsere Bereitschaft, Vergebung zu gewähren und darum zu bitten, ist ein Gradmesser für den Ernst, mit dem wir das Mahl feiern.

Christe, du Lamm Gottes

Zu den Einzelriten des Abendmahls gehört die Brechung des Brotes: Jesus *„nahm das Brot, dankte und brach's“*. Was heute – wenn überhaupt – nur an einer großen Schauoblate vollzogen wird, nahm in der Alten Kirche mehr Zeit in Anspruch, weil ein ganzes Brot für die Austeilung gebrochen wurde. Die Brotbrechung wurde mit dem Gesang *„Christe, du Lamm Gottes, der du trägst die Sünd' der Welt“* (Agnus Dei) begleitet. Er wurde solange wiederholt, bis alles Brot geteilt war.

Der Wortlaut des Agnus Dei geht auf den Täufer Johannes zurück, der über Jesus ausruft: *„Siehe, das ist Gottes Lamm, das der Welt Sünde trägt“* (Johannes 1,29). In der liturgischen Fassung ist dieses Bekenntnis zu einer dreimaligen Anrufung geworden, die zweimal in die Bitte um Erbarmen und abschließend in die Bitte um den Frieden mündet. Der Gesang erbittet, was die Brechung des Brotes symbolisch darstellt: Anteil an Jesus, der sein Leben für uns hingibt.

Die Rede vom Lamm Gottes ruft heute auch Unbehagen, manchmal sogar Widerstände hervor. Sie ist aber eine unter vielen biblischen Weisen, den gewaltsamen Tod Jesu als Lebensgabe zu deuten: Gott fordert nicht ein Opfer für sich, sondern gibt sich selbst als Opfer für uns. Das aus dem Alten Testament (vergleiche Jesaja 53,7) stammende, auf den gekreuzigten Jesus angewendete Bild des Lammes weist immer auch auf den Auferstandenen: *„Das Lamm, das geschlachtet ist, ist würdig zu nehmen Kraft und Reichtum und Weisheit und Stärke und Ehre und Preis und Lob“* (Offenbarung 5,12).

Christe, du Lamm Gottes, der du trägst die Sünd der Welt, erbarm dich unser.
Christe, du Lamm Gottes, der du trägst die Sünd der Welt, erbarm dich unser.
Christe, du Lamm Gottes, der du trägst die Sünd der Welt, gib uns deinen Frieden.

Austeilung

„Kommt, denn es ist alles bereit. Schmecket und sehet, wie freundlich der Herr ist." Mit Worten der Bibel (Lukas 14,17; Psalm 34,9) wird die Gemeinde zur Kommunion eingeladen. Dass beim Abendmahl die Vielen an dem Leben des Einen Anteil bekommen, wird besonders sinnenfällig, wenn die Gemeinde sich – oft in mehreren Gruppen nacheinander – im Kreis um den Tisch versammelt, wenn ihr die Stücke eines gebrochenen Brotes ausgeteilt werden und wenn sie den Wein aus einem gemeinsamen Kelch trinkt.

Aber die Austeilung kann, durch Tradition oder besondere Umstände bedingt, auch anders gestaltet sein: mit Oblaten statt mit gebrochenem Brot, mit kleinen Einzelbechern, die aber möglichst aus einem gemeinsamen Gießkelch befüllt werden, mit Traubensaft, der aber den Wein nicht ganz ersetzen soll, durch Eintauchen von Brot oder Oblate in den Kelch, die so genannte Intinctio, die aber ebenfalls das Trinken aus dem Kelch nicht völlig verdrängen darf. Beim Wandelabendmahl ohne Tischkreis empfangen die Teilnehmenden an zwei Stationen Brot und Wein. Das Mahl kann auch an Tischen sitzend gefeiert werden.

Brot und Kelch können von der Liturgin oder von Helfern gereicht, sie können aber auch in der Runde weitergegeben werden. Dazu werden Spendeworte gesagt, zum Beispiel: *„Das Brot des Lebens* (und *der Kelch des Heils*) *– Christus für dich."* Zu dem Entlasswort: *„Geht hin im Frieden"*, das meist mit einem Bibelwort und dem Kreuzzeichen verbunden wird, reichen in vielen Gemeinden die Abendmahlsgäste einander die Hände und zeigen so, dass sie in Christus verbunden sind.

Dankgebet

Zum Mahl gehört der Dank an den Geber der Gaben, die wir empfangen haben. Darum endet jede Abendmahlsfeier mit einem Dankgebet. Die Form dieses Dankes kann sehr unterschiedlich sein: Die Gemeinde kann ein Danklied singen, etwa „Wir danken Gott für seine Gaben" (EG 458). Der Dank kann auch an den Anfang des Fürbittengebets gestellt werden, wenn die Fürbitten zwischen Abendmahl und Segen stehen.

Herkömmlich jedoch folgt das Dankgebet der knappen Form einer klassischen Kollekte, also eines abschließenden Gebets in geprägter Gestalt. Darin ähnelt es dem Tagesgebet, das den ersten Teil des Gottesdienstes beschließt. Das Gebet kann mit dem Vers *„Danket dem Herrn, denn er ist freundlich"* durch den Liturgen

eingeleitet werden, worauf die Gemeinde fortfährt: *„und seine Güte währet ewiglich"* (Psalm 106,1). Auch wo diese Eröffnung nicht üblich ist, gibt dieses Psalmwort doch eine Orientierung: Wir danken für das Mahl, das uns gestärkt hat, und preisen Gottes Güte, die uns trägt. Das Dankgebet kann Motive der Kirchenjahreszeit aufnehmen und schließt gewöhnlich mit einem Lobpreis. Die Gemeinde macht sich den Dank mit ihrem *„Amen"* zueigen.

Mit dem Dankgebet schließt sich der Kreis der Mahlfeier, die mit der Aufforderung zum Danken begonnen hat: *„Lasset uns danken dem Herrn, unserm Gott! – Das ist würdig und recht."* In der Bezeichnung der Mahlfeier als „Eucharistie" (= Dank) tritt dieser Aspekt besonders hervor, während „Abendmahl" stärker die Situation der Einsetzung vergegenwärtigt.

Wer ist zum Abendmahl eingeladen?

Die Ökumene antwortet auf die Frage, wer am Abendmahl teilnehmen darf: alle, die durch die Taufe zur Gemeinschaft des Leibes Christi gehören. Orthodoxe und römisch-katholische Kirche beschränken die Teilnahme auf die eigenen Mitglieder. Die evangelische Kirche lädt in eucharistischer Gastfreundschaft auch Christen anderer Konfession ein – weil es letztlich nicht die Kirche, sondern Jesus Christus, der Herr der Kirche, ist, der zu seinem Mahl lädt.

Traditionell ging der Abendmahlsteilnahme eine Beichte voraus. Auch in unseren Abendmahlsgottesdiensten können das Sündenbekenntnis und der Gnadenzuspruch als Gemeindebeichte gestaltet werden.

Die Kirchen des Westens, das heißt die römische und die aus ihr hervorgegangenen evangelischen Kirchen, halten seit dem Mittelalter ein elementares Verstehen des Abendmahls für notwendig und haben deshalb Altersgrenzen für die Teilnahme eingeführt. In der heutigen römisch-katholischen Kirche empfangen Kinder mit etwa acht Jahren feierlich die „Heilige Erstkommunion“.

Auf evangelischer Seite ist die erste Abendmahlsteilnahme herkömmlich an die Konfirmation geknüpft – und das bleibt oft die einzige. Aus theologischen, pädagogischen und lernpsychologischen Gründen hat die evangelische Kirche Kindern den Zugang zum Abendmahl eröffnet. Vom Vorschulalter an gibt es viele Möglichkeiten, Kindern das Geheimnis des Abendmahls zu erschließen – vor allem dadurch, dass sie es mitfeiern. In Gemeinden, die diesen Schritt getan haben, führt die Teilnahme von Kindern am Abendmahl oft zu einer vertieften Abendmahlserfahrung auch der Erwachsenen.

Sendung und Segen

„Sendung und Segen“, so heißt der abschließende vierte Teil des Gottesdienstes. Unter „Segen“ kann man sich etwas vorstellen, aber was bedeutet „Sendung“?

Ihr liturgischer Kern besteht in einem Entlass-Wort des Liturgen: *„Geht hin im Frieden des Herrn“*, das die Gemeinde mit: *„Gott sei Lob und Dank“* beantwortet. Beides kann auch gesungen werden. Die Sendung verbindet den Gottesdienst der am Sonn- oder Festtag versammelten Gemeinde mit ihrem Gottesdienst im Alltag der Welt. Christen, die aus dem Gottesdienst kommen, sind Menschen mit einer „Mission“ (= Sendung): Der Friede Gottes, um den sie gebetet haben und der ihnen zugesprochen wurde, geht mit ihnen in die Woche, hält sie auch in der Vereinzelung des Alltags verbunden und stärkt sie zu einem Leben, das Jesus Christus in Wort und Tat bezeugt.

Die gottesdienstliche Sendung kann einerseits mit Mitteilungen und Hinweisen auf kirchliche Veranstaltungen der folgenden Woche verbunden werden; denn selbstverständlich wird auch im Leben der Kirchengemeinde und in den vielen kirchlichen Handlungsfeldern (zum Beispiel in der Diakonie und im Bildungswesen) die Mission erfüllt, zu der die Gottesdienstgemeinde gesendet wird. Andererseits kann in der Sendung der Gemeinde der biblische Wochenspruch aufgegriffen werden, der so zum Sendungswort wird.

Von der lateinischen Fassung des Entlasswortes „Ite missa est“ – zu deutsch *„Geht, (die versammelte Gemeinde) ist entlassen“* – leitet sich übrigens die Bezeichnung „Messe“ für den gesamten Gottesdienst her.

Einer der dichtesten Momente des Gottesdienstes – für manche Menschen sogar der wichtigste überhaupt – ist der Segen. Vorreformatorisch endete der Gottesdienst, wie er begonnen hat, mit einer trinitarischen Formel: *„Es segne und behüte euch der allmächtige und barmherzige Gott, Vater, Sohn und Heiliger Geist.“* Martin Luther hat den Aaronitischen Segen – so benannt nach dem Priestergeschlecht der Aaroniten – in den evangelischen Gottesdienst eingeführt. Er steht im Alten Testament (4. Mose 6,24–26): *„Der Herr segne dich und behüte dich; der Herr lasse sein Angesicht leuchten über dir und sei dir gnädig; der Herr erhebe sein Angesicht auf dich und gebe dir Frieden.“*

Der Segen ist ein Ritual von großer Kraft. Sein Wortlaut, der im kollektiven Gedächtnis verankert ist, sollte nicht verändert werden. Zum Ritual gehört die Geste der erhobenen Hände und, in lutherischer Tradition, das Zeichen des Kreuzes. Nach der Ordnung unserer Kirche muss nicht ordiniert sein, wer die Gemeinde segnet. Der Segen kann auch als Bitte formuliert werden: *„Segne uns, Herr, und behüte uns; lass dein Angesicht über uns leuchten und sei uns gnädig; erhebe dein Angesicht über uns und gib uns Frieden.“*

Musik zum Ausgang

Wie die Glocken die Gemeinde zum Gottesdienst gerufen haben und wie die Eingangsmusik sie gesammelt und auf die Gottesbegegnung eingestimmt hat, so endet der Gottesdienst mit Musik. Auch die Glocken können beim Auszug aus der Kirche noch einmal erklingen.

Die Bedeutung der Ausgangsmusik – meist Orgelmusik, es kann aber auch andere Instrumental- oder Chormusik sein – wird unterschiedlich empfunden. Vom unmittelbar vorausgehenden Segen her betrachtet, der den Schluss des Gottesdienstes markiert, ist sie Prozessionsmusik: Sie begleitet festlich den Auszug von drinnen nach draußen. Die Gemeinde nimmt nicht wieder Platz, sondern zieht gesammelt aus der Kirche.

Auf den ganzen Gottesdienst gesehen, wird die Ausgangsmusik mehr als Ausklang empfunden, in dem das in Lesung und Predigt verkündigte Wort Gottes und die antwortenden Gebete, Gesänge und Lieder der Gemeinde nachklingen. Dazu nimmt die Gemeinde noch einmal Platz und bleibt bis zum Ende der Musik gesammelt sitzen.

Beides lässt sich auch verbinden: ein Stück zum Ausklang des Gottesdienstes, das musikalisch noch einmal Ton und Stimmung des Gottesdienstes aufnimmt, und ein davon abgesetztes Stück als Geleit nach draußen.

Die gebührende Reverenz gegenüber der Kirchenmusik und den Kirchenmusikern erweist sich im Kern nicht darin, dass man für das Sitzenbleiben und gegen das Hinausziehen zur Musik plädiert. Sie zeigt sich vor allem darin, dass man ihr in beiden Spielarten zuhört, statt sie durch Reden zu stören.

Bücher für den Gottesdienst

Ein Merkmal evangelischer Kirchen ist die auf dem Altar liegende, zur Gemeinde hin aufgeschlagene Bibel. Sie stellt die Überzeugung vor Augen, dass sich Gott durch das Wort offenbart, das in der Heiligen Schrift geschrieben steht und in den Gottesdiensten vorgelesen und gepredigt wird. Diese Bedeutung der Altarbibel fällt besonders ins Auge, wenn sie zur Schriftlesung aufs Lesepult gelegt und aus ihr vorgelesen wird. Auch wo das nicht geschieht, kann sie von Woche zu Woche an einer anderen Stelle aufgeschlagen werden, zum Beispiel beim aktuellen Sonntagsevangelium oder Wochenpsalm.

Häufig ist die Altarbibel so alt, dass sie sich zum Vorlesen nicht mehr eignet. Das für die Schriftlesung eigentlich vorgesehene Buch ist denn auch das Lektionar. Es enthält sämtliche für die Sonn-, Fest- und Gedenktage des Kirchenjahres vorgeschlagenen Schriftabschnitte, die so genannten Perikopen. Das Lektionar ist das Rollenbuch der Lektoren. Sein Ort ist das Lesepult.

Schließlich die Agende, das Gottesdienstbuch für die Liturgen, die den Gottesdienst leiten. In der Agende stehen Gottesdienstordnungen und die Gebete, die der Liturg als Vorbeter der Gemeinde spricht. Da Gottesdienstordnungen meist von Gemeinde zu Gemeinde ein wenig variieren und innerhalb einer Gemeinde auch von Sonntag zu Sonntag wechseln können, da zudem Gebete oft verändert oder neu formuliert oder anderswoher übernommen werden, stellen heutzutage die meisten Liturgen ihre Texte in einem Ringbuch als persönliche Agende zusammen.

Gesangbuch

Auch die Gemeinde hat ihr gottesdienstliches Buch, das Evangelische Gesangbuch. Sein Stammteil verbindet die Landeskirchen in Deutschland und Österreich im gemeinsamen Singen. In den meisten Kirchen erscheint es mit einem Regionalteil, der weitere Lieder, Gebete und andere Texte enthält.

Das Gesangbuch wird mit den Liedern zum Kirchenjahr eröffnet. Ihnen folgen Lieder für den Gottesdienst (zum Beispiel zum Eingang und Ausgang, die liturgischen Gesänge und so weiter) und Lieder zur Bibel (vor allem die Psalmlieder). Der letzte große Liedteil steht unter der Überschrift „Glaube – Liebe – Hoffnung". In diesem Teil zeigt sich besonders, was das Gesangbuch auch ist: ein Buch für den persönlichen Gebrauch. Lieder, die seit Generationen Menschen durch ihr Leben begleitet, sie getröstet und gestärkt haben, finden sich darin. Auch die zeitlichen Rhythmen des Tages und des Jahres und der Wechsel von Arbeit und Freizeit spiegeln sich hier wider. Immer ist auch die Vorbereitung auf das Sterben ein Anliegen christlicher Frömmigkeit gewesen. Hier liegt eine besondere Stärke unseres Liederschatzes.

Unser Gesangbuch steht in einer langen Tradition evangelischer Gesangbücher seit der Reformationszeit. Jedes nachfolgende Jahrhundert bereicherte das Singen mit eigenen Liedtexten und Liedmelodien. Auch die Lieder der Gegenwart gelangen über Liederhefte zu Kirchentagen und über Beihefte in das Gesangbuch, wenn sie sich bewährt haben. So wandert in den Liedern das lebendige Gotteslob durch die Zeit.

Das Gesangbuch enthält außer den Liedern einen umfangreichen Anhang mit Psalmen, Gebeten, Andachten, Bekenntnissen und Verzeichnissen. Viele landeskirchliche Ausgaben enthalten darüber hinaus weitere Lieder und Texte.

Gottesdienstraum

Kirchen und Gottesdiensträume künden von dem Außerordentlichen, dem sie dienen: dass Menschen Gott begegnen. In ihnen klingen Gotteswort, Gesang und Gebet, die hier zuvor erklungen sind, geheimnisvoll nach. Die geistliche Resonanz des Raumes hilft Worte und Antworten neu zu erwecken, nicht nur in Gottesdiensten, sondern auch, wenn Einzelne kommen. Mögen sie die Kirche geöffnet finden und in ihr eine Bibel, ein Gesangbuch und die Gelegenheit zum Anzünden einer Kerze.

Dass Menschen Gott begegnen! Zimmer und Haus, Saal und Kapelle, Dorfkirche und Dom, Zelle und Zelt, mitunter auch nur das Himmelszelt: seit der Urchristenheit haben sich Menschen an den verschiedensten Orten zum Gottes-

dienst versammelt. Die Räume werden dazu mit Symbolen der Gottesgegenwart versehen, die hier bereits erfahren wurde und von neuem erwartet wird.

Kirchen mit einer Längsachse, zumeist nach Osten ausgerichtet („orientiert"), bilden den Weg aus der Ferne in die Nähe Gottes ab: vom Portal im Westen über die Taufstätte zu dem Ort der Gottesgemeinschaft, die Christus in Wort und Mahl bereits schenkt, aber erst bei seiner von Osten erwarteten Wiederkunft vollenden wird – ein durch Fenster und Kerzen markierter Weg zum Licht. In zentral angelegten Gottesdiensträumen hingegen bilden die Zeichen der Gegenwart Gottes nicht das Ziel eines Wegs, sondern die Mitte der um sie versammelten Gemeinde. Sie erlebt sich intensiver als Gemeinschaft der Gläubigen, wenn sie im Kreis oder Halbkreis oder einander gegenüber sitzt.

Orte des Wortes

Jede Kirche hat feste Orte für die Verkündigung des Gotteswortes. Ursprünglich genügte dafür ein erhöhtes Lesepult, ein Ambo. In „Ambo" steckt das griechische Wort für „hinaufsteigen"; in „Lettner", zu dem sich Chorschranken und Ambo entwickeln konnten, das lateinische „lectorium", „Lesepult". In romanischer Zeit benutzte man häufig zwei Lesepulte: von der Gemeinde aus rechts war die Epistel-, links die Evangelienseite.

„Kanzel" weist auf „cancelli", die Chorschranken, zurück. Als besondere Orte der Predigt kamen Kanzeln in Gebrauch, als das Predigen im späten Mittelalter wieder wichtiger und regelmäßig üblich wurde. So errichteten die Bettelorden des 14. Jahrhunderts in ihren Kirchen Kanzeln an einem Pfeiler im Hauptschiff. In den Kirchen der Reformation „wanderten" die Kanzeln allmählich wieder nach vorn, zum Teil bis zur Verschmelzung mit dem Altar. Barocke Kanzelaltäre, die in vielen evangelischen Dorfkirchen zu finden sind, stellen architektonisch vor Augen, dass das Heil gleichermaßen in Wort und Sakrament geschenkt wird.

Häufig sind Worte der Heiligen Schrift in den Kirchen noch an anderen Stellen sichtbar – die Bibel liegt aufgeschlagen auf dem Altar, Bibelverse zieren einen Flügelaltar, an Wänden und Decken sind Spruchbänder zu entziffern, Emporenbrüstungen geben biblische Texte zu lesen. Das Besondere der festen Wort-Orte ist, dass hier das Wort Gottes in Lesung und aktueller Auslegung hörbar wird. *„Der Glaube kommt aus der Predigt"*, wörtlich: *„aus dem Hören"* (Römer 10,17).

Orte der Sakramente

Kanzel, Taufbecken und Altar (oder auch Abendmahlstisch) heißen „Prinzipalstücke". Sie sind die zentralen Einrichtungsgegenstände im Kirchenraum, gediegen in Material und Gestaltung. Den „Wort-Orten" Lesepult und Kanzel korrespondieren Taufbecken und Tisch als Sakraments-Orte. Hier werden die Taufe und das Abendmahl dargereicht und empfangen.

In alten Kirchen finden sich oft große Taufsteine, in denen die Täuflinge früher ganz untergetaucht wurden. Das Ein- und Auftauchen stellte die Teilhabe an Tod, Begräbnis und Auferstehung Jesu Christi rituell dar. Die Taufsteine sind herkömmlich achteckig – Sinnbild für den achten Tag, die Neuschöpfung „in Christus". In die alten Taufsteine sind heute zumeist flache Schalen eingelassen. Sie reichen für die jetzige Praxis des Taufens, das dreimalige Übergießen des Kopfes mit Wasser, aus. Die Taufbecken stehen heute im Altarraum. Manchmal sieht man sie noch in der Nähe des Eingangs – Zeichen für den Beginn der Christusnachfolge, den die Taufe markiert.

Der Altar ist nach evangelischer Überzeugung keine Opferstätte, sondern der Tisch, an den Jesus Christus zu seinem Mahl lädt. Um den Abendmahlstisch versammelt, in reformierter Tradition bisweilen im Sitzen, empfängt die Gemeinde Brot und Wein – und mit diesen Gaben Jesus Christus selbst, der sich den Seinen schenkt und sie zur Gemeinschaft seines Leibes verbindet. Zum wertvollen Geschirr, mit dem der Tisch gedeckt und das Mahl gefeiert wird, gehören eine Dose (Pyxis) und ein Teller (Patene) für das Brot, eine Kanne und ein Kelch für den Wein.

Kerzen

In unseren Kirchen und Gottesdiensten brennen Kerzen. Auf dem Altar stehen mindestens zwei Leuchter, meistens rechts und links von der aufgeschlagenen Altarbibel und einem Kreuz angeordnet. Sie ehren Christus, dessen Gegenwart Kreuz und Bibel symbolisieren.

Auf vielen Altären stehen mehr als nur zwei Kerzen. Eine Dreiergruppe von Kerzen deutet auf den Glauben an den dreieinigen Gott: ein Feuer in drei Flammen. Auf sehr großen Altären stehen mitunter bis zu zwölf Kerzen, die dann für die endzeitliche Fülle stehen. Meistens ist der Altarschmuck symmetrisch angeordnet. Eine freiere Gestaltung kann davon abweichen und die Kerzen auf einer Seite anordnen.

In der Osternacht wird die Osterkerze entzündet. Ihr aufgeprägt sind ein Kreuz und ein Alpha und ein Omega, der Anfangs- und Endbuchstabe des griechischen Alphabets als Symbol für die allumfassende Macht Jesu (Offenbarung 22,13). Dazu kommt die aktuelle Jahreszahl, die erst zu Ostern wechselt. Die Osterkerze brennt in den Gottesdiensten bis Christi Himmelfahrt, denn sie symbolisiert den auferstandenen Gekreuzigten und sein Erscheinen in den 40 Tagen nach Ostern. Danach brennt die Osterkerze in Taufgottesdiensten. An ihr werden die Taufkerzen entzündet: Die Taufe schenkt Anteil an Tod und Leben Christi.

In vielen Kirchen können Menschen kleine Lichter anzünden und auf einen besonderen Kerzenständer stellen. In ihnen kommen, vielleicht ganz ohne Worte, persönliche Anliegen des Gebets oder des Gedenkens zum Ausdruck.

Liturgische Farben

Der Glaube kommt aus dem Hören (Römer 10,17). Deshalb genießen in der evangelischen Kirche Predigt und Kirchenmusik besondere Wertschätzung. Aber bei allem Vorrang des Gehörs: Die anderen Sinne „hören“ mit. Auf die gute Nachricht, dass Gott an der Welt und den Menschen gelegen ist, kann das, was die Augen zu sehen, die Haut zu spüren und die Nase zu riechen bekommen, zusätzlichen Glanz werfen – oder einen Schatten. Auch deshalb sind Kirchen und Gottesdiensträume und ihre Ausstattung meist in gediegenen Materialien kunstvoll gestaltet. Und sie verlangen sorgfältige Pflege.

Besonders die Augen „hören“ mit. Sie freuen sich über gutes Licht und über Formen und Farben. Viele Kirchen haben bunte Kirchenfenster. Den Abendmahlstisch schmücken frische Blumen – womöglich in der liturgischen Farbe der Zeit oder darauf abgestimmt. Hauptträger der liturgischen Farben sind die Behänge vor Altar und Kanzel, die so genannten Antependien. Auch die Stolen, die zu einer Albe, einem weißen liturgischen Gewand, getragen werden, sind in den liturgischen Farben gehalten.

Diese Farben sagen die Kirchenjahreszeit an. Die beiden großen Christusfeste, Ostern (bis vor Pfingsten) und Weihnachten (bis Epiphanias), haben Weiß, die Farbe des Lichts. Die Passions- und Adventszeit, Zeiten der Vorbereitung und Buße, sind violett markiert. Den Festen folgen in Grün die ungeprägten Zeiten nach Trinitatis und nach Epiphanias. Rot ist die Farbe der Kirche: Pfingsten, Reformationsfest, Konfirmation, Kirchweih.

Liturgische Dienste und Rollen

Was im Gottesdienst sichtbar und hörbar wird, geschieht durch Menschen: Pfarrer oder Prädikantin, Kantorin und Lektor, Küsterin und – im Amt des Diakons – Vertreter des Gemeindekirchenrats, des Presbyteriums oder des Kirchengemeinderats versehen verschiedene Dienste. Die Dienste werden von Menschen ausgeübt, die durch eine Ausbildung darauf vorbereitet und von der Gemeinde damit beauftragt wurden. So verschieden diese ehrenamtlichen oder beruflichen Dienste auch sind, in der Beauftragung durch die Gemeinde wird anschaulich, dass sie gleichrangig sind – alle werden in einem Gottesdienst in ihren Dienst eingeführt. Sie erwachsen aus der Gemeinde und dienen ihr.

Bei genauerem Hinsehen zeigen sich hinter den Diensten verschiedene liturgische Rollen. Alle, die einen besonderen Dienst versehen, feiern den Gottesdienst hörend, betend und singend als Teil der Gemeinde mit. Aber auch die gesamte Gemeinde nimmt im Verlauf eines Gottesdienstes verschiedene Rollen ein. Ihr Singen ist Verkündigung oder Gebet, Lobpreis, Dank oder Klage. Im Gebet kann sie sich Gott öffnen oder Fürbitte halten. Die Gemeinschaft des Abendmahls zu feiern ist etwas anderes, als der Predigt zu folgen oder Geld zu spenden. Den verschiedenen Rollen entspricht ein wechselndes Maß an Aktivität oder Passivität.

Auch in der Leitung des Gottesdienstes durch die Pfarrerin vollzieht sich mehrfach ein Rollenwechsel. Als Vorbeterin ist sie der Mund der Gemeinde Gott gegenüber, als Predigerin richtet sie Gottes Wort der Gemeinde gegenüber aus.

Gottesdienstliche Zeiten

Der Sonntag ist der herausgehobene Tag für die Feier des Gottesdienstes. Schon die frühen Christen feierten am ersten Tag der Woche – dem Sonntag – die Auferstehung Jesu Christi von den Toten. So ist jeder Sonntag ein kleines Osterfest.

Ostern fällt von seinem Ursprung her in die Zeit des jüdischen Passafestes. Es ist das älteste christliche Jahresfest und die Keimzelle unseres Kirchenjahres. Nach dem Vorbild des Osterfestkreises mit der vorbereitenden Passionszeit und dem abschließenden Pfingstfest entwickelte sich später der Weihnachtsfestkreis mit der Adventszeit, in der man früher zur Vorbereitung auf das Christfest auch gefastet hat. Die Epiphaniaszeit schließt den Weihnachtskreis. Die übrige Zeit des Jahres füllen die ungeprägten Wochen nach Trinitatis, die aber eine Reihe einzelner Gedenk- und Feiertage einschließen.

Die Kirchenjahreszeit prägt auf vielerlei Weise die Gottesdienste durch die vorgesehenen Lesungen und Lieder, ebenso wie durch Farben, Sitten und Gebräuche. Umgekehrt lassen uns die verschieden geprägten Gottesdienste die Strukturierung der Zeit durch das Kirchenjahr erst wirklich erleben.

Die Feier von Gottesdiensten ist weder auf Sonn- und Feiertage beschränkt noch an eine bestimmte Tageszeit gebunden. Gottesdienste können an jedem Tag der Woche gefeiert werden, regelmäßig (in Kliniken, Altenheimen und sonstigen Einrichtungen) oder aus besonderen Anlässen.

Auch der Tag hat seine Gebetszeiten, zum Beispiel die Mette in der Frühe, die Vesper am Abend und die Komplet zur Nacht. Ob Festtag, Sonntag oder Tageszeit – jedes Glockengeläut ist eine gottesdienstliche Zeitansage.

Taufe und Konfirmation

Die Taufe ist das Sakrament des Anfangs. Bevor Jesus beginnt, öffentlich zu reden und zu handeln, lässt er sich von Johannes im Jordan taufen. Mit der Taufe des Johannes verbinden sich Umkehr und Buße – eben ein Neuanfang. Und dazu bei Jesus die Stimme Gottes: *„Dies ist mein lieber Sohn ...“* (Matthäus 3,17).

Der auferstandene Jesus hinterlässt den Seinen einen Auftrag: *„Machet zu Jüngern alle Völker: Taufet sie auf den Namen des Vaters und des Sohnes und des Heiligen Geistes“* (Matthäus 28,19). Dieses Wort Jesu gehört zu jeder Taufhandlung wie das fließende Wasser als sichtbares Zeichen einer Erneuerung.

Getaufte stehen in einer unverlierbaren Beziehung zu Gott. Mit der Taufe wird die durch Christus erwirkte Vergebung der Sünden grundlegend zugesprochen. Es kann ein großer Lebenstrost sein, sich der Taufe zu erinnern. Jeder Gottesdienst ist auch eine Tauferinnerung: *„Im Namen Gottes, des Vaters und des Sohnes und des Heiligen Geistes“* – so beginnt der Gottesdienst. Der Ritus des Bekreuzigens, zumal mit Wasser wie in der römisch-katholischen Kirche, ist im Kern eine Vergewisserung der Taufe.

Der Taufhandlung geht das Bekenntnis des Glaubens voran. Taufe ist die Eingliederung in die Gemeinschaft des Glaubens – zugleich in den einen Leib Christi und in eine ganz bestimmte Kirche. Deshalb gehört eine Taufe in den Gottesdienst der Gemeinde. Zur Begleitung des Getauften auf seinem persönlichen Glaubensweg werden Paten von der Familie benannt und von der Kirche beauftragt.

Die Konfirmation steht in engem Zusammenhang mit der Taufe. Sie ist im Kern das nachgeholte Taufbekenntnis, das bei der Taufe von religionsunmündigen Kindern die Eltern und Paten anstelle des Täuflings sprechen. Im Konfirmationsgottesdienst bekennen sich die Konfirmandinnen nun selbst zum christlichen Glauben, in dem sie während der Konfirmandenzeit unterwiesen worden sind. Die Segenshandlung an den Konfirmanden hat auch Züge eines lebensbegleitenden Ritus auf der Schwelle zum Erwachsenwerden. Daher werden meist auch die Konfirmanden eingesegnet, die erst kurz zuvor die Taufe empfangen haben.

Andere Gottesdienste und Kasualien

Der nach überlieferter Ordnung gefeierte Gottesdienst verbindet ökumenische Weite und evangelisches Profil, öffentlichen Anspruch und Offenheit für alle. Er ist klassisch im Ritual und in der Form verlässlich. Daneben gibt es eine Vielzahl alternativer gottesdienstlicher Formen – entsprechend den Menschen, die sich nach Alter und Geschlecht, sozialen und kulturellen Milieus, Interessen und Ansprechbarkeit unterscheiden.

Der Kindergottesdienst oder die Kinderkirche mit unterschiedlichen Formen ist hier vor allem zu nennen. Jugendgottesdienste haben sich mancherorts zur Jugendkirche fortentwickelt. Am anderen Ende des Altersspektrums stehen spezielle Seniorengottesdienste. Gottesdienste für Jung und Alt oder Familiengottesdienste verbinden die Generationen. Frauen entdecken und feiern eine eigene Spiritualität in Frauenliturgien. Auch Männer geben spezifischen Zügen ihrer Frömmigkeit in Gottesdiensten Ausdruck. Open-Air-Gottesdienste haben ihr besonderes Flair und Publikum. Musik und Lyrik, Theater, Oper und Film, jeweils in der ganzen Bandbreite ihrer Stile, werden als liturgische Herausforderungen genutzt. Biker fahren und feiern. Wer nach Meditation, Segnung und Salbung sucht, findet auch dafür Angebote. Besondere Liturgien werben um die, denen Liturgien fremd sind.

Kreativ oder geprägt, originell oder rituell: Die verschiedenen Gottesdiensttypen ergänzen einander und stimmen in dem Anliegen überein, Gott mit Menschen und Menschen mit Gott ins Gespräch zu bringen.

Gottesdienste bei Gelegenheit oder zu einem besonderen Anlass („Kasus") werden in großer Vielfalt gefeiert. Vertraut sind die „klassischen" Kasualgottesdienste anlässlich einer Eheschließung oder eines Sterbefalls, die kirchliche Trauung und Bestattung. Im weiteren Sinne sind alle Gottesdienste, die Menschen an Übergängen ihres Lebens feiern, Kasualien: Taufe und Konfirmation, aber auch Ehe- und Konfirmationsjubiläen, Einschulungsgottesdienste oder Einführungs- und Verabschiedungsgottesdienste. Das Bedürfnis nach gottesdienstlicher Begleitung, oft auch nur in kleinen Formen von Andachten oder Segenshandlungen, ist spürbar gewachsen. Auch wenn der Anlass oft privat ist, so handelt es sich doch in aller Regel um einen öffentlichen Gottesdienst. Dies gilt auf jeden Fall für die Kasualgottesdienste, die in der Kirche stattfinden.
Bei großen Unglücksfällen, Katastrophen und tragischen Ereignissen besteht ein gesamtgesellschaftliches Bedürfnis nach Gottesdiensten, in denen das Erschrecken in religiöser Sprache Ausdruck findet, der Opfer gedacht und Trost vermittelt wird.

Bewegte Liturgie

„*O beugt wie die Hirten anbetend die Knie, erhebet die Hände und danket wie sie*" – das Weihnachtslied (EG 43,4), das die Kinder zur Krippe ruft, geht davon aus, dass der Jubel nicht nur *„mit Herz und Mund"* gesungen wird (EG 324,1), sondern auch in Arme und Beine, Hände und Füße fährt: *„Nun danket alle Gott / mit Herzen, Mund und Händen"* (EG 321,1). Am Singen und Beten ist der ganze Körper mit allen Sinnen beteiligt. Gesten und Gebärden, Stehen, Knien und Gehen unterstützen das, was wir Gott gegenüber ausdrücken wollen. Dafür gibt es alte Formen, die wiederentdeckt werden können. Schon die Weise, die Hände im Gebet zu halten, kann die innere Einstellung verändern: Die gefalteten Hände als Zeichen der Selbstfesselung passen zum Schuldbekenntnis, während die vor dem Körper gehaltenen, nach oben geöffneten Hände eine Geste der Empfangsbereitschaft sind. Das Stehen beim Gebet und das Verneigen nach dem Empfang der Abendmahlsgaben bringen die Achtung vor Gott zum Ausdruck. In großer Freiheit lässt sich erproben, ob solche Gesten helfen, tiefer zu erfassen, was in der Liturgie geschieht. „Liturgisches Handeln und Verhalten bezieht den ganzen Menschen ein; es äußert sich auch leibhaft und sinnlich", heißt es im Evangelischen Gottesdienstbuch. Körperliche Bewegung und Berührung können geistliche Erfahrung erschließen und vertiefen. Das erleben auch evangelische Christen neu: auf Kreuz- und Pilgerwegen, in Prozessionen und liturgischen Tänzen, bei der Handauflegung und Salbung.

Spiritualität des Gottesdienstes

Der Gottesdienst ist ein Spielfeld des Heiligen Geistes. „Spiritualität" bezeichnet eine Erfahrung und eine Erwartung. Es ist die Erfahrung, dass mich ein Gottesdienst geheimnis- und heilvoll berührt – der Raum mit seiner Atmosphäre erhebt mich; die Musik umfängt und trägt mich; ein Lied zieht mich in sich hinein; ein Schrift- oder Predigtwort trifft mich, indem es mir in den Weg tritt, mir den Weg weist, mich für den Weg stärkt; in einem Gebet spricht sich mein Herz aus; im Mahl schmecke ich Gottes Freundlichkeit; im Segen strömt mir Kraft zu; in der feiernden Gemeinde erblicke ich Gottes Kinder, meine Geschwister. Wunderbare Erfahrung: In unserer gottesdienstlichen Praxis wirkt Gott selbst. *„Du bist ein Geist, der lehret, / wie man recht beten soll; / dein Beten wird erhöret, / dein Singen klinget wohl, / es steigt zum Himmel an …"* (EG 133,5).

Aus der Erfahrung fließt die Erwartung, dass eben dies geschehen wird: Gott macht unser gottesdienstliches Tun zu seiner Sache. Das Wort der Schrift wird, indem es verlesen und in der Predigt ausgelegt wird, indem es in Musik und Liedern erklingt, der Gemeinde zur Lebensquelle. Und die Antwort, Gebet und Gesang, trifft Gottes Ohr, rührt Gottes Herz, bewegt Gottes Hand. *„… es lässt nicht ab und dringet, / bis der die Hilfe bringet, / der allen helfen kann"* (EG 133,5).

Spiritualität kann man nicht „machen". Es ist genug, wenn uns bei der Vorbereitung und Feier von Gottesdiensten die beschriebene Erfahrung leitet und die Erwartung beseelt.

Kleines liturgisches ABC

Abendmahl: Feier, in der die Gemeinde nach der Stiftung Jesu Brot und Wein teilt und seine Gegenwart erfährt.
Agende (lateinisch: was zu tun ist): Buch für die Liturgin, das die Ordnung und Gebetstexte des Gottesdienstes enthält.
Agnus Dei (lateinisch: Lamm Gottes): Gesang der Gemeinde in der Abendmahlsfeier, früher begleitend zum Brotbrechen gesungen.
Akklamation: Kurze, zum Teil gesungene Rufe, mit denen die Gemeinde in ein Gebet einstimmt (zum Beispiel „Erbarme dich, Gott", „Amen").
Altar / Abendmahlstisch: Tisch im Kirchenraum, der die Zeichen der Gegenwart Gottes trägt (Altarbibel, Kreuz und Kerzen) und um den sich die Gemeinde zum Empfang der Abendmahlsgaben versammelt.
Amen (hebräisch: so sei es): Ruf, mit dem die Gemeinde ein in ihrem Namen gesprochenes Gebet bekräftigt oder den ihr zugesprochenen Segen annimmt. Mit „Amen" beantworten die einzelnen Teilnehmer am Abendmahl auch das ihnen zugesprochene Spendewort beim Empfang der Gaben.
Antependien: Textile Altar- und Kanzelbehänge in den liturgischen Farben.
Confiteor (lateinisch: ich bekenne): Sündenbekenntnis im Eingangsteil des Gottesdienstes.
Credo (lateinisch: ich glaube): Glaubensbekenntnis.
Doxologie: Lobpreisung Gottes (zum Beispiel „Ehre sei dem Vater …" oder „Denn dein ist das Reich …" am Schluss des Vaterunser).
Epiphanias: Fest der Erscheinung des Herrn am 6. Januar, dem abhängig vom Ostertermin bis zu sechs Sonntage nach Epiphanias folgen.
Eucharistie (griechisch: Dank, Danksagung): In der Ökumene verbreitete Bezeichnung des Abendmahls.
Gloria (lateinisch: Ehre, Herrlichkeit): Kleines Gloria = „Ehre sei dem Vater", trinitarischer Lobpreis als Abschluss des Psalms. Großes Gloria = „Ehre sei Gott in der Höhe", Hymnus im Eingangsteil des Gottesdienstes.
Halleluja (hebräisch: lobt den Herrn): Aufruf zum Gotteslob, kommt oft in den Psalmen vor.
Hosianna (hebräisch: hilf doch): Huldigungs- und Bittruf in der Abendmahlsliturgie (griechisch: eleison).
Kasualien: Gottesdienste, die nicht regelmäßig nach den Rhythmen der Zeit, sondern fallweise (Kasus = Fall) aus bestimmten Anlässen gefeiert werden, zum Beispiel Trauung und Bestattung.
Kirchenjahr: Ordnung der Festzeiten und Sonntage im Ablauf eines Jahres, beginnend mit dem 1. Advent. Der Weihnachtsfestkreis umfasst die Advents- und Epiphaniaszeit, der Osterfestkreis die Passionszeit und die Sonntage nach Ostern bis Pfingsten.

Kollekte (lateinisch: sammeln): A. kurzes Gebet im Gottesdienst, das vorhergehende Gebete bündelt („einsammelt") und ihren Abschluss markiert; B. gottesdienstliche Spendensammlung, die ihr Vorbild im Neuen Testament hat (1. Korinther 16,1–3; 2. Korinther 8–9).

Kommunion (lateinisch: Gemeinschaft, Teilhabe): Teilnahme an der Abendmahlsfeier.

Kyrie eleison (griechisch: Herr, erbarme dich): Huldigungs- und Bittruf an Jesus Christus im Eingangsteil des Gottesdienstes.

Lektionar (lateinisch: Lesebuch): Buch, das die Abschnitte („Perikopen") der Bibel enthält, die im Gottesdienst verlesen werden.

Liturgie (griechisch: öffentliche Dienstleistung): Ordnung oder Feier des Gottesdienstes.

Ökumene (griechisch: bewohnte [Erde]): Gemeinschaft der verschiedenen christlichen Kirchen.

Paramente (von lateinisch: parare mensam: den Tisch bereiten): Sammelbegriff für alle in Kirchenraum und Gottesdienst verwendeten Textilien und Gewänder.

Perikope (griechisch: Ausschnitt): Abschnitt der Bibel, der im Gottesdienst verlesen und/oder über den gepredigt wird.

Prädikanten (lateinisch: Prediger): mit der ehrenamtlichen Leitung von Gottesdiensten Beauftragte.

Präfation (griechisch: das vorweg oder anfänglich Gesagte): Beginn des großen Abendmahlsgebets, das mit einem Dialog zwischen Liturgin und Gemeinde einsetzt (unter anderem „Erhebt eure Herzen").

Salutatio (lateinisch: Gruß): Wechselgruß zwischen Liturg und Gemeinde („Der Herr sei mit euch – und mit deinem Geist").

Sanctus (lateinisch: heilig): Lobgesang der Gemeinde beim Abendmahl mit dreifachem „Heilig" (nach Jesaja 6,3), gefolgt von dem „Benedictus" („Gelobt sei, der da kommt … Hosianna in der Höhe" nach Matthäus 21,9).

Taufe: Ritus der Zueignung eines Menschen an Jesus Christus durch dreimaliges Eintauchen oder Übergießen mit Wasser, wobei die Taufformel nach Matthäus 28,19 gesprochen wird.

trinitarisch: bezogen auf den einen Gott, der für den christlichen Glauben dreifaltig als Vater, Sohn und Heiliger Geist erschlossen ist.

Trinitatis: Fest der Heiligen Dreifaltigkeit Gottes, das eine Woche nach Pfingsten den endgültigen Abschluss der Osterzeit markiert. Ihm folgen bis zu 24 Sonntage nach Trinitatis.

Votum: A. Trinitarische Formel am Beginn des Gottesdienstes, die ausspricht, dass sich die Gemeinde im Namen des dreieinigen Gottes versammelt; B. einzelne biblische Worte, die im Verlauf eines Gottesdienstes gesprochen werden können (zum Beispiel Wochenspruch; Entlass-Spruch beim Abendmahl).

Adressen

Arbeitsstelle Gottesdienst der Evangelischen Kirche im Rheinland (EKiR) im Haus Gottesdienst und Kirchenmusik
Theologisches Zentrum Wuppertal, Missionsstraße 9a, 42285 Wuppertal
Telefon: (0202) 28 20-320, www.gottesdienst-ekir.de

Arbeitsstelle Gottesdienst – Amt für kirchliche Dienste der Evangelischen Kirche Berlin-Brandenburg-schlesische Oberlausitz (EKBO)
Goethestraße 26–30, 10625 Berlin, Telefon: (030) 31 91-260
www.akd-ekbo.de/gemeinde-und-pastoralkolleg/arbeitsstelle-gottesdienst

Arbeitsstelle Gottesdienst und Kirchenmusik
Institut für Aus-, Fort- und Weiterbildung der Evangelischen Kirche von Westfalen
Iserlohner Straße 25, 58239 Schwerte, Telefon: (02304) 7 55-141, www.institut-afw.de

Gottesdienst Institut Nordelbien
Dorothee Sölle Haus, Königstraße 54, 22767 Hamburg
Telefon: (040) 3 06 20-12 50, www.gottesdienstinstitut-nek.de

Gottesdienst-Institut der Evangelisch-Lutherischen Kirche in Bayern
Sperberstraße 70, 90461 Nürnberg
Telefon: (0911) 8 10 02-310, www.gottesdienstinstitut.org

Michaeliskloster Hildesheim – Evangelisches Zentrum für Gottesdienst und Kirchenmusik – Arbeitsbereich Gottesdienst und Kirchenmusik (AGK)
Telefon: (05121) 69 71-550, www.michaeliskloster.de
Zentrum für Qualitätsentwicklung im Gottesdienst der Evangelischen Kirche in Deutschland (EKD)
Telefon (05121) 69 71-573, www.michaeliskloster.de/qualitaetsentwicklung
Hinter der Michaeliskirche 3–5, 31134 Hildesheim

Zentrum Verkündigung der Evangelischen Kirche in Hessen und Nassau
Markgrafenstraße 14, 60487 Frankfurt/Main
Telefon: (069) 71 37 90, www.zentrum-verkuendigung.de

Zentrum für evangelische Predigtkultur der Evangelischen Kirche in Deutschland
Markt 26, 06886 Lutherstadt Wittenberg
Telefon: (03491) 5 05 27-12, www.predigtzentrum.de

Arbeitsstelle Gottesdienst der Evangelischen Kirche von Kurhessen-Waldeck
Predigerseminar – Arbeitsstelle Gottesdienst
Gesundbrunnen 10, 34369 Hofgeismar, Telefon: (5671) 8 81-252
www.ekkw.de/predigerseminar/gottesdienst/godi_kontakt.html

Referat Gottesdienst im Kirchenamt der EKD
Geschäftsstelle der Liturgischen Konferenz
Herrenhäuser Straße 12, 30419 Hannover
Telefon: (0511) 27 96-214
www.gottesdienste.de, www.liturgische-konferenz.de

Liturgiewissenschaftliches Institut
bei der Theologischen Fakultät Leipzig
Otto-Schill-Straße 2, 04109 Leipzig
Telefon (0341) 97 35-480, http://leipzig.velkd.de

Literatur

Evangelisches Gottesdienstbuch. Agende für die evangelische Kirche der Union und für die Vereinigte Evangelisch-Lutherische Kirche Deutschlands, Berlin 2000, 4. Auflage 2009.

Der Gottesdienst. Eine Orientierungshilfe zu Verständnis und Praxis des Gottesdienstes in der evangelischen Kirche, vorgelegt vom Rat der Evangelischen Kirche in Deutschland, Gütersloh 2009.

„Wo zwei oder drei ..." Gottesdienste mit kleiner Gemeinde feiern, mit einem Anhang: Gottesdienst von Monat zu Monat. Elementares Kirchenjahr, herausgegeben von der Liturgischen Konferenz, Gütersloh 2011.

Jochen Arnold: Was geschieht im Gottesdienst? Zur theologischen Bedeutung des Gottesdienstes und seiner Formen, Göttingen 2010.

Karl-Heinrich Bieritz: Das Kirchenjahr. Feste, Gedenk- und Feiertage in Geschichte und Gegenwart, 7. Auflage, München 2005.

Brigitte Müller: Die Bibel vorlesen. Hilfen für die Schriftlesung im Gottesdienst, Stuttgart 2004.

„... zu schauen die schönen Gottesdienste des Herrn ..." (Psalm 27,4). Zur Qualitätsentwicklung von Gottesdienst und Kirchenmusik. Handreichung der Evangelischen Kirche im Rheinland, Düsseldorf 2009.

Die Autoren des Themenheftes

Pfarrerin Dr. **Ilsabe Seibt** leitet die Arbeitsstelle Gottesdienst der Evangelischen Kirche Berlin-Brandenburg-schlesische Oberlausitz.

Landespfarrer Dr. **Martin Evang** leitet die Arbeitsstelle Gottesdienst der Evangelischen Kirche im Rheinland.

Frohe Botschaft
Evangelisches Monatsblatt

Die Frohe Botschaft für jedermann mit Predigten, Berichten und Krankenbrief erscheint einmal im Monat. Herausgegeben vom Diakonischen Werk Berlin-Brandenburg-schlesische Oberlausitz
Kostenloses Probeabo:
Telefon (030) 28 87 48 17
Weitere Infos unter: www.frohe-botschaft.de

die Kirche
Evangelische Wochenzeitung

Jede Woche aktuell: Nachrichten aus Kirche und Gesellschaft, kritisch berichtet aus evangelischer Sicht. Andachten, Termine.
Kostenloses Probeabo:
Telefon (030) 28 87 48 17
E-Mail: vertrieb@wichern.de
www.die-kirche.de

Bestellmöglichkeiten

Das Evangelische Themenheft kostet 5,– Euro.
Bei mehr als 5 Exemplaren kostet das Heft 3,50 Euro.
Bei mehr als 10 Heften 3,– Euro.

Zu beziehen über den Wichern-Verlag
Georgenkirchstraße 69–70
10249 Berlin-Friedrichshain
Telefon: (030) 28 87 48 17

E--Mail: vertrieb@wichern.de
www.wichern.de

Fotos

Wir bedanken uns für die freundliche Unterstützung der Fotoaufnahmen bei den Gemeinden der Französischen Friedrichstadtkirche, der St. Marienkirche und der Sophienkirche in Berlin.

Impressum

Evangelisches Themenheft **Gottesdienst**
Eine Kooperation von:
Evangelische Wochenzeitung „die Kirche“ und
Evangelisches Monatsblatt „Frohe Botschaft“
Autoren: Ilsabe Seibt, Martin Evang
Redaktion: Sibylle Sterzik und Frank Bürger
Gestaltung: Dietmar Silber
Fotos: Dietmar Silber, Friedrich Heilmann (Seite 43)
Druck: Color-Druck Dorfi GmbH, Berlin
Verlag: Wichern-Verlag GmbH
Georgenkirchstraße 69–70
10249 Berlin-Friedrichshain
Telefon: (030) 28 87 48 10
Berlin, März 2011